고요한 결심

고요한 결심

내 삶의 언어로
존엄을 지키는 일에 대하여

이화열 지음

À ma belle-mère
나의 아름다운 시어머니에게

여는 글

목요일의 샴페인을 기억하며,

    우리는 누구도 죽음을 피해 갈 수 없다는 사실을 안다. 장례식장에서 고개를 숙이면서도 그 죽음을 자기와는 상관없는, 운 나쁜 남의 일인 양 여긴다. 뉴스와 책, 드라마 속 죽음은 언제나 타인의 이야기다. 우리는 죽음을 '안다'. 그러나 자신의 죽음을 '믿지는 않는다'.

    몽테뉴는 "철학이란 곧 죽음을 배우는 일"이라 말했다. 그렇다면 살아있는 우리는 결코 도달할 수 없는 그 마지막 걸음을 어떻게 배울 수 있을까. 아마도 늙음이라는 비가역의 시간을 통과하고, 사랑하는 이를 떠나보내는 이별과 애도를 겪으면서, 불청객의 숨소리를 가까이에서 듣게 되는지도 모른다.

일 년 전, 시어머니가 조력사를 선택하셨다. 말기암도 중증질환도 아니었기 때문에 그 결정은 큰 충격이었다. 그 선택을 받아들여야 하는 가족의 슬픔에는 죄책감이 뒤섞인다. 석 달 – 막막하고 무기력했던 시간 – 동안 마지막 여정을 곁에서 지켜보며 나는 물었다.

'죽음을 준비한다는 것은 무엇인가.'

몇 년 동안 가까운 이들의 죽음을 경험하면서 깨닫는다. 삶이 다르듯, 죽음을 대하는 태도도 다르다는 것을. 어떤 이에게 삶은 '죽지 않으려는 욕망'이지만, 또 어떤 죽음은 '삶을 완성하는 마지막 문장'이 되기도 한다. 시어머니는 '인간다움'이라는 품위를 지키기 위해 살아야 한다는 본능을 내려놓았다. 체념이 아니라, 끝까지 자신으로 남고자 한 신념이었다.

삶의 궤적이 뒤틀릴 때, 죽음과 마주할 때, 우리는 비로소 묻게 된다. 어떻게 살아야 했는지, 그리고 어떻게 살아가야 하는지. 죽음을 둘러싼 시간 속에서, 남겨진 자는 질문하고 길을 고르며 자신의 삶을 반추하게 된다. 마지막까지 자기 자신으로 남고자 했던 한 존재의 여정을 곁에서 지켜보며, 나는 삶의 주체성을 조금씩 잠식해 가는 노화의 과정과 그 안에서 지켜내야 할 존엄에 대해 질문을 던졌다. 모두의 운명인 늙음과 죽음을 일상의 언어로 기록하고 싶었다.

조력사는 말 그대로, 도움을 받는 죽음이다. 떠나는 자에게는 선택의 결심이, 남겨진 자에게는 감정과 윤리의 몫이 남는다. 우리는 그 과정을 함께 살아내야 한다. 죽음을 둘러싼 윤리와 제도의 경계 위에서, 살아있는 자와 떠나는 자 사이에 끝까지 나누고 싶은 것이 무엇인지, 나는 그것을 남기고 싶었다. 무엇보다, 그 시간을 붙들고 싶었다.

시어머니와 나는 마지막을 기다리며 목요일마다 샴페인을 열었다. 그건 축배가 아니라, 살아있는 지금을 붙드는 작은 의식이었다. 『고요한 결심』은 작별을 준비하면서 보낸 시간, 죽음이 일깨운 삶의 감각을 기록한 글이다. 살아있는 동안, 우리는 서로에게 어떤 기억으로 남을 수 있는가에 대한 물음이다.

프랑스 철학자 블라디미르 장켈레비치는 이렇게 썼다.

'죽음이 생명을 완전히 파괴할 수는 있어도, 살아있었던 사실까지 지울 수는 없다. 이것이야말로 필멸자에게 주어진 복수이자 위안이며, 희망이다.'

우리가 살았고, 행동했고, 사랑했다면 그 사실은 사라지지 않는다. 죽음은 삶의 끝이 아니다. 삶과 끊임없이 대화하며, 때로는 그 가장 깊숙한 순간에 모습을 드러내는 또 하나의 얼굴이다.

그녀는 떠났다.

그녀가 남긴 다정한 침묵은 이따금 낮은 목소리가 되어 묻는다.

이 삶은 내가 원한 삶인가.
어떻게 사랑하며 무엇을 남기고 싶은가.
나는 어떻게 이별을 준비할 것인가.
잘 떠나는 삶은 어떤 것인가.

이 책 『고요한 결심』을 여는 당신에게 이 질문을 건넨다.

2025년 8월
이화열

목차

여는 글   6

1부. 인간은 죽음 앞에서 자신의 언어를 갖는다

길 위를 걷는 노인	17
조건의 산물	19
가불된 애도	22
나로 남기 위한 결심	29
쿠키의 위안	31
목요일의 샴페인 I	34
축제와 죽음	37
친절한 감옥, 불편한 자유	41
존재의 우아함에 대해서	44
세월의 침전물	48
손끝으로 더듬는 시간	51
거절의 기술	54
노인의 침묵	58
완벽하고 공정한 인생의 룰	62
목요일의 샴페인 II	67
사랑하는 순간, 이미 애도는 시작된다	72
죽음보다 더 깊은 사랑	75

존엄의 무게	78
죽음을 받아들이는 방식	81
기다림이라는 모순	84
자신과의 관계를 정리하는 일	86
거미 여인	89
시골집 추억	92
시간의 멜랑콜리	95
벨 메르, 벨 피	98
사라지지 않는 맛	101
의존이라는 권력	106
시간의 맛	109
아름다운 거리	111
나는 그러지 않는 편이 좋겠습니다	115
죽음을 생각할 때 삶은 더 또렷해진다	120
식빵 반죽	123
아버지의 부고	126
제페토의 무덤	130
목요일의 샴페인 III	133
날짜가 정해졌다	137
목요일의 샴페인 IV	140
고요한 결심	145
마지막 만찬	148

2부. 똑같은 삶이 없듯, 똑같은 늙음도 없다

다시 돌아오지 않을 여행   153
아무것도 없는 것으로   156
시간 되감기   158
아를레트의 레시피   161
텅 빈 집   168
부재와 존재   173
청개구리의 울음   176
슬픈 건 고독한 죽음이 아니다   179
기억의 정원   182
벗어날 수 없는 꿈   186
떠나는 연습   190
아버지의 전화번호   193
어머니와 나   196
혼수 그릇 세트   200
짜장면에 대한 단상   204
죽음을 이야기할 때 우리가 말하는 것들   207
지상에서 천국으로   210
어머니의 유언장   214
피아노 수업   217
백오 세 생일파티   221

유품 정리	224
내가 사랑하는 풍경	227
진화하는 인류와 관계 맺기	230
귀한 손님	235
늙음도 저마다 다른 문을 가진다	239
이사하는 날	242

1부

인간은
죽음 앞에서
자신의 언어를
갖는다

**L'homme possède son propre langage face
à la mort.**

죽음 이전에도, 그 순간에도,
그 이후에도 사유할 수 없는 것이라면,
우리는 도대체 언제 죽음을 생각할 수 있을까?

- 블라디미르 장켈레비치

길 위를 걷는 노인

집에서 나와 슈퍼마켓에 가는 도중, 다부지고 민첩한 걸음으로 걷는 노파의 뒷모습을 알아본다. 갸름한 얼굴에, 평생 나쁜 것이라고는 입에 대지 않은 사람처럼 맑고 투명한 피부를 가졌다. 어떤 날은 태엽으로 감은 시계바늘처럼 동네를 돌고 또 돈다. 늙음을 받아들이지 않겠다는 강한 의지처럼 느껴지는 빳빳한 걸음걸이 때문에 노파는 언제나 길에서 눈에 띈다.

그녀를 볼 때마다, 거동이 불편한 시어머니가 떠오른다. 움직이지 못한다는 건 단지 이동의 자유를 잃는 게 아니다. 삶의 결정권을 잃고, 누군가의 리듬에 맞춰 살아야 한다는 뜻이다. 노파의 작고 마른 몸은 작년보다 더 작아 보인다. 그런데 오늘은 이상하게도 자전거 도로를 걷고 있다. 내가 옆으로 다가가 조심스럽게 말을 건넨다.

"여긴 가끔 뒤에서 자전거가 와요. 위험해요."

노파는 앞을 응시한 채, 빠르게 걸으며 대답한다.

"여긴 몽루즈잖아요. 사람들이 많은 동네죠. 얼마 전엔 저 앞에서 걷는데 아파트 발코니에서 화분이 떨어졌어요."

그녀는 손가락으로 거리 뒤쪽을 가리킨다.

"그대로 맞았으면 어쩔 뻔했어요."

"울랄라…."

그날 이후, 노파는 인도 통행을 포기하고 아예 차도 가장자리를 따라 걷기로 마음먹은 듯했다. 맞은편에서 차가 달려오는 걸 보자 걱정이 되어 나는 다시 말한다.

"그래도 머리 위로 뭐가 떨어질 확률보다, 차도로 걷다가 사고 날 확률이 더 높죠."

"맞아요. 나도 그렇게 생각해요."

신중한 표정으로 대답하면서도 인도로 올라올 생각은 없어 보인다. 그녀가 겪은 트라우마가 신성한 걷기 운동을 위험천만한 모험으로 바꾼 것이다. 길모퉁이를 돌면서 그녀를 다시 본다. 마뜩잖은 표정으로 정면에서 오는 자동차를 마주보며 걷고 있다.

삶의 끝자락에서 자신을 지켜내려는 노파의 의지가 어찌나 단호한지 아무도 그 방향을 틀게 할 수 없어 보인다. 잃어버리는 시간들, 더는 포기할 수 없는 것들을 고집스레 끌어안는 늙음의 얼굴을 나는 조심스럽게 훔쳐본다.

조건의 산물

커피를 내리고 있을 때 딸 단비가 현관문을 열고 들어왔다. 며칠 전 두고 간 케이블을 찾으러 온다고 했던 걸 잊고 있었다.

"안녕, 엄마."

환한 미소. 볼에 가볍게 입을 맞추는 단비에게서 싱그러움이 스며든다. 단비가 떠난 뒤, 덧창을 열고 있는 나를 보며 올비가 묻는다.

"왜 웃어? 아침부터."

"응… 단비 생각했어. 걘 참 상냥해."

그러다 나도 모르게 중얼거린다. '근데 난 이렇게 다를까.' 나는 말을 안 하고 있을 때 화난 사람처럼 보인다. 어머니도 그렇다.

P에게서 전화가 온다. 만난 뒤 오랜 세월이 지나서야 우리가 한국에서 같은 동네, 그것도 같은 국민학교를 나

왔다는 걸 알게 되었다. 그런 정서적 토양 때문인지, 우린 서로 이해시키는 데 긴 설명이 필요하지 않다. 이런저런 안부를 주고받다가 내가 불쑥 묻는다.

"우린 왜 이렇게 상냥하지 않을까? 돈 드는 일도 아닌데."

"인간은 조건의 산물이야. 그러니 당신은 대신 몸으로 때우잖아."

가르치듯 던진 친구의 말에 정곡이 찔린 듯, 웃음이 새어 나온다.

늦은 오후, 올비와 시어머니 집에 간다. 일요일마다 일주일치 장 본 것을 배달해 드린다. 아를레트는 오늘따라 유난히 침울해 보인다. 일인용 소파에 몸을 깊숙이 묻고 고개를 떨군 채 말했다.

"어떻게든 방법을 좀 찾아다오."

무슨 말인가 싶어 올비를 얼른 쳐다본다. 그는 고개를 저으며 천장을 올려다본다. 내가 엉뚱한 말을 할 때 짓는 표정이다.

"알잖아. 스위스가 얼마나 절차가 복잡하고 과정이 긴지…."

순간, 그 단어가 여행지를 뜻하는 게 아니라는 걸 알아챈다.

"이렇게 버티는 것도 힘들다."

시어머니 말에 올비는 미간을 찌푸리며 혼잣말처럼 중얼거린다.

"나더러 그럼 어쩌라고…."

다행히 귀가 어두운 시어머니는 듣지 못했을 것이다.

아를레트가 말했다.

"심장마비는 안 올 것 같으니…."

그녀는 결코 죽음을 쉽게 입에 담는 사람이 아니다. 문득, 덥고 긴 여름을 아파트 안에서 견뎌야 한다는 사실이 괴로울 거란 생각이 스친다.

집에 돌아와 저녁을 먹다가 올비에게 묻는다.

"너희 엄마, 그냥 하는 말이지?"

"모르겠어."

그가 한숨을 쉰다.

"난 처음 듣는 말인데…."

"안느한테는 몇 번 이야기했던 것 같아."

딸한테 '안락사' 얘기를? 내가 혼자 중얼거린다.

"무슨 소리, 자기 몸을 얼마나 아끼는 분인데…."

가불된 애도

　　　　화창한 일요일 오후, 시어머니 집에 가기 위해 아크라를 만든다. 아크라는 대구 흰살을 다져 향신료와 채소를 섞어 튀겨낸 요리다. 서아프리카와 카리브 지역에서 즐겨 먹는 생선 튀김인데, 레시피도 천차만별이고 입에 맞는 맛을 만나기가 쉽지 않다.

　염장한 대구를 찬물에 담가 소금기를 빼고, 라임즙을 뿌린 뒤 매운 고추를 잘게 다져 넣는다. 이 고추는 단순히 맵기만 한 게 아니다. 잘게 썰면 매운 향이 눈을 찌르고, 손끝이 얼얼하다. 믹서기에 넣고 갈아 밀가루와 섞으면 걸쭉한 반죽이 된다. 바다 냄새, 이국적인 향신료, 라임의 싱그러움이 어우러진다. 거품 낸 흰자를 반죽에 조심스럽게 섞는다. 기름이 적당히 달궈지면, 한 스푼씩 반죽을 떠서 넣는다. 거품이 사라지지 않도록 천천히, 조심스럽게. 치익~ 작은 반죽이 금세 부풀어 오른다. 표면이 노릇하게 익으며 바삭한 껍질이 생긴다. 아크라 튀김에 토마토 양파 소스를 곁들이면 완벽하다. 한입 베어 물면 바삭함 뒤로 촉촉한 생선에 매콤한 향이 퍼진다.

늦은 오후, 집을 나선다. 자동차로 겨우 15분 거리인 시어머니 집이 유난히 멀게 느껴지는 날이 있다. 노환이라는 감옥에 갇힌 사람을 면회 가서 아무렇지 않게 일상처럼 웃고 말하려면 마음 바닥에서 에너지를 길어올려야 하기 때문이다.

주차하고 아파트 정문으로 걸어가는데, 오르막길에 체리나무 사이로 봄 햇살이 비친다. 문득, 네 해 전 세상을 떠난 시아버지의 목소리가 떠오른다. 기억이란 게, 공기 중에 떠다니는 입자처럼 느껴질 때가 있다.

"난, 가끔 제라르 목소리가 바로 옆에서 들리는 것 같아."
"그래?"
올비가 가볍게 되묻는다.
"응."
저 무심한 남자, '기억 속에 산다'는 말이 뭔지 알까.

아파트 문 앞에서 가져온 열쇠를 돌리기 전, 올비는 먼저 초인종을 누른다. 열쇠를 잊어버린 날은 초인종을 눌러도 잘 듣지 못하기 때문에, 시어머니가 문을 열어줄 때까지 영겁의 시간을 기다려야 한다. 거실 안쪽, 괘종시계 아래 소파에 아를레트가 머리를 숙이고 앉아있다. 라디오를 켜놓은 채 잠이 든 모양이다.

"우리 왔어."

나는 얼른 부엌으로 들어가 챙겨온 음식을 냉장고에 넣는다. 송아지 스튜, 전날 만든 피자. 아를레트는 아들이 만든 담백한 피자를 좋아한다. 올비는 오디오북 파일을 그녀의 리더기에 옮긴다. 책과 음식, 그녀를 위한 일주일 분의 양식이 채워진다.

귀가 잘 안 들리는 그녀를 위해, 나는 소파 끝자락에 다가가 앉는다. 낮은 탁자 위의 사랑초 화분 잎사귀는 모두 떨어지고, 한 줄기만이 겨우 남아 바닥을 향해 늘어져 있다. 낙상사고 후 등이 점점 굽어 땅을 향하고 있는 그녀를 보는 것 같다. 시간은 가혹한 방식으로 그녀를 세상에서 밀어낸다.

올비가 새로운 책으로 채운 리더기를 시어머니에게 건네며, 리스트를 하나하나 설명해 준다. 평생 책 읽기가 유일한 즐거움이었던 그녀. 황반변성으로 시력이 흐려진 뒤, 이젠 겨우 오디오북으로만 책을 듣는다. 문학 속 상상이 아니면, 이 조용한 감옥을 견딜 다른 방법이 없다. 어떤 날은 버튼을 잘못 눌러 되감기를 하지 못해 이야기를 놓치기 때문에, 매번 그녀는 책이 모자랄까 봐 조바심을 낸다.

내가 접시에 담은 아크라를 내민다. 그녀는 손끝으로 표면을 살짝 눌러보더니, 조심스럽게 입에 넣는다. 바삭한 소리가 난다.

"맛있어. 네가 만든 음식은 언제나 맛있지."

아를레트가 라디오 볼륨을 줄인다. 올비가 말했다.

"잘 들어. 안느가 스위스에 등록했어."

나는 그 문장을 이해하는 데 몇 초가 걸렸다. 시골집에서 휴가 중인 시누이 안느가 안락사를 등록했다는 말이다. 너무 갑작스러운 소식에 충격과 함께 눈물이 터진다. 어머니의 죽음을 서류 하나로 결정해버린 것이다. 불과 일주일 만에….

아를레트가 내 손을 잡으며 말했다.

"이 결정을 하면서 네가 제일 마음에 걸렸다. 네가 받아들이기 힘들 거라고 생각했어."

나는 아무 대답도 못 한 채, 그녀의 얼굴을 본다. 지금 그녀는 '더 이상 살고 싶지 않다'고 말하고 있는 것이다. 눈물을 훔치며 묻는다.

"정말 우리가 해줄 수 있는 게 아무것도 없어?"

그녀가 내 손을 꼭 잡는다.

"이건 삶이 아니야. 너도 알잖니. 내가 할 수 있는 건,

아직 정신이 또렷할 때 이 고통을 끝내는 일이야."

"고통을 이해해. 하지만…."

그녀가 삶을 포기하려 한다는 사실만 가슴을 파고든다. 나는 말을 잇지 못한다.

"너에게 이런 고통을 줘서 미안하다. 하지만 너도 알잖니. 나는 완전히 의존적이야. 이건 삶이 아니야. 나는 다시 병원에 들어가진 않을 거다. 행복하게 살았고, 이 생에 미련이 없어. 이해할 수 있겠니?"

고통을 이해한다고, 죽음을 선택하는 걸 받아들여야 한단 말인가? 눈물을 훔치고 창밖을 본다. 거실 창문에서 내려다보이는 구립 축구장에 운동복을 입은 클럽 아이들이 뛰어다닌다. 전광판 불빛 아래 잔디는 오늘따라 유난히 파릇하다. 무심하게 흐르는 바깥 풍경이 이상하리만치 비현실적이다. 문득, 세상은 여전히 그대로인데 모든 것이 달라진 것 같다.

집으로 돌아오는 차 안에서, 올비는 내 침묵이 불편한지 자꾸 눈치를 본다. 내가 먼저 입을 연다.

"내가 너의 아내가 맞긴 하니? 이게 나에게 숨길 이야기였어? 난 이해할 수 없어. 더 이상 기다리지 말고 아이들에게도 말해."

그가 "알았다"고 짧게 대답한다. 당사자인 어머니의 얼굴도 보지 않은 채, 250킬로미터 떨어진 시골집에서 조력사를 등록한 시누이 안느. 가까이서 시어머니를 돌보는 나도 가족인데, 이렇게 일방적으로 결정을 통보하다니. 슬픔과 분노가 뒤섞인다.

한밤중에 자꾸 눈이 떠진다. 마음 한가운데, 어디로 이어지는지 모를 깊은 터널이 뚫린 듯 공허하다. 잠을 청하려 몸을 뒤척인다.

아를레트…, 그녀는 처음부터 내가 '아를레트'라고 부르는 걸 좋아했다. 프랑스 시어머니와 한국 며느리. 어쩌면 불편할 수도 있는 관계였지만, 마치 건강한 사람이 제 몸을 의식하지 않듯 편안한 습관처럼 30년을 지냈다. 둘도 없는 친구와 등을 돌리기도 하고 가족과도 절연하는 일이 있다. 생각해 보면 우리 관계는 각자의 방식으로 만든 사과파이 같았다. 레시피도 맛도 다르지만, 기꺼이 인정했고 좋아했다.

아를레트가 사라지는 걸 상상한다. 그녀의 목소리, 웃음소리, 켜켜이 쌓인 시간을 담은 장소도 함께 사라질 것이다. 항상 저만치 있다고 생각했던 죽음, 그 믿음이 무너지는 건 갑작스럽다. 부엌 창가 하얀 레이스 커튼 뒤에서 우리가 떠나는 걸 내려다보며 손을 흔들어주던 아를레트의 모습이 아른거린다.

    이제 그녀를 떠나보낼 준비를 해야 하나 보다. 나도 모르게 그녀가 떠난 뒤 남게 될 슬픔의 크기를 헤아리고 있다. 살아있는 존재의 죽음, 가불된 애도의 시간이다.

나로 남기 위한 결심

아를레트에게 전화를 건다.

"일요일에 오는 거니?"

그녀의 목소리는 감기에 걸려 잠겨있다.

"아니. 내일 점심에 들를게. 같이 샴페인 마시려면 얼른 감기 털어."

"그래야지."

그녀의 목소리에서 갑자기 생기가 돈다. 5분도 넘지 않는 통화다. 생각해 보면, 그녀는 단 한 번도 나에게 무리한 걸 요구한 적이 없고 나도 애쓰지 않았다. 우리는 서로 적당한 거리를 지켰고, 그 선을 넘지 않았다. 그녀가 항상 맞는 건 아니지만, 틀린 것을 증명해 보이거나 설득하는 데 열을 올린 적도 없다. 오랜 세월 얼굴 붉힌 일이 없었던 건, 어쩌면 그 거리 덕분이었는지도 모른다. 가까운 것만이 따뜻한 건 아니고, 거리가 있다고 해서 차가운 것도 아니다.

시어머니의 아파트는 파리 순환도로, 베르사유 전시장 근처에 있다. 몇 달 전, 정맥성 궤양으로 붕대에 감긴 다리에 염증이 번지고 괴사가 시작돼 응급실에 실려 갔을 때 여의사는 비관도 희망도 없이 건조하게 말했다.

"병원에서 할 수 있는 치료는 항생제뿐입니다."

순간 그녀는 시력을 잃듯, 삶의 질이 회복 불가능하다는 것을 깨달았던 것이다. 붕대에 감긴 다리는 죽는 날까지 그녀를 괴롭힐 것이고, 이런 쇠락을 막아줄 묘약은 없다는 걸. 죽음을 향해 예측할 수 없는 고통의 시간만 남았다는 걸.

그날 이후, 아를레트가 말했다.

"다시는 병원에 가지 않을 거다."

그때 나는 그녀의 단호한 말투에 담긴 뜻을 전혀 이해하지 못했다. 그저 깐깐한 노인의 고집쯤으로 여겼다. 그러나 그 말은 의료에 자신을 내맡겨 생명을 억지로 연장하지 않겠다는 뜻이었다. 장치에 매인 채 죽음을 기다리는 시간을 거부하는 선언, 끝까지 자신으로 남겠다는 결심이었다.

쿠키의 위안

하늘이 흐리더니 비가 뿌린다. 아무도 없는 집에서 혼자 점심을 먹는다. 내가 씹고 있는 것이 밥알인지, 슬픔인지 모르겠다.

이런 날은 흐린 마음에 전구를 켜는 기분으로 쿠키를 굽는다. 오븐을 미리 예열해 두었더니 부엌이 따뜻해진다. 설탕, 밀가루, 계란을 넣고 반죽을 섞는다. 딱딱했던 버터가 손의 온기에 부드럽게 녹는다. 촉촉하고 달콤한 냄새가 손끝에 달라붙는다. 쿠키를 만들 때는 계량이 중요하지만, 가끔은 손의 감각이 더 정확할 때도 있다.

사람들은 내가 먹지도 않는 쿠키를 왜 만드는지 의아해한다. 아마 태어나서 가장 많은 쿠키와 타르트를 구웠던 시기는 항암 치료를 받을 때였던 것 같다. 쿠키를 굽는 일은 그 시기에 내가 의지대로 할 수 있는 몇 안 되는 일 중 하나였다. 버터를 부드럽게 만들고, 손으로 반죽을 치

대고, 오븐에 넣고 기다리는 일. 그 시간만큼은 몸에 밴 치료약 냄새를 잊을 수 있었다. 위탁된 시간 속에서, 사소하지만 소중한 무언가를 훔치는 기분이었다.

아를레트는 집에 초대받을 때마다 빨간 체크무늬 마른행주에 손수 만든 사과파이를 싸왔다. 그녀의 깐깐한 성격과 오랜 습관이 만든 파이는 얇고 바삭하고 담백했다. 사과 껍질을 벗기고 가지런히 채우는 일은 시아버지 제라르의 몫이었다. 그는 단정한 손길로 사과를 일정한 크기로 잘랐다. 또박또박한 그의 글씨처럼, 사과 조각들도 반듯했다. 파이를 굽는 건, 사소하지만 누군가를 기쁘게 하는 일, 그건 행복과 닮았다.

얼마 전 아를레트가 말했다.

"나는 이제 아무짝에도 쓸모가 없다."

더 이상 파이를 굽지 못하는 그녀의 부엌은 따뜻한 온기가 사라졌다. 이제 그녀는 간병인과 가사도우미 없이는 살아갈 수 없다. 죽음보다 더 두려운 것은, 어쩌면 매일 조금씩 죽어가는 자신을 지켜보는 일일 것이다.

쿠키 반죽을 오븐에 넣는다. 20분 뒤로 알람을 맞춘다. 설령 200년을 산다 해도 끝은 피할 수 없다. 유한함이 인생을 아름답게 만든다고들 하지만, 어떤 죽음이든 남겨진 자에게 죽음은 느닷없는 사건이다. 마지막을 상상한다. 텅 빈 그녀의 부엌, 영원한 정적, 빈자리, 기억 속으로 사라지는 것들…. 친밀한 존재가 사라지는 건 부드러운 습관과의 이별이기도 하다.

죽음을 기다리는 사람에게 정말 필요한 것은 무엇일까. 예전에 들은 이야기가 떠오른다. 호스피스에 있던 한 루게릭병 환자가 다시 담배를 피웠다고 한다. 그것은 자해가 아니라, 여전히 폐가 살아있음을 느끼고 싶은 욕망이었다고 했다. 지금 우리가 마주한 건 죽음이 아니라, 죽음을 어떻게 살아낼 것인가를 묻는 시간이다.

오븐 알람이 울린다. 장갑을 끼고 뜨거운 쿠키를 꺼낸다. 달콤한 냄새가 부엌을 가득 채운다. 바삭한 겉면과 부드러운 속살, 손바닥 위로 온기가 느껴진다.

끝이 가까워지는 사람에게 필요한 건, 어쩌면 여전히 살아있다는 그 '느낌'일지도 모른다. 내가 그녀에게 줄 수 있는 건, 삶이 주는 친밀함과 부드러움, 따뜻함으로 이어진다는 걸 느낄 수 있는 쿠키 한 조각, 그리고 아주 작은 위안뿐이다.

목요일의 샴페인 Ⅰ

샴페인을 따라 아를레트에게 건넨다. 그녀가 잔을 받아 조심스럽게 내려놓는다. 잘 보이지 않지만, 한 번도 잔을 엎지른 적은 없다. 조심스러움은 그녀의 본성이다.

"힘들지?"

내가 묻는다.

"응. 고통스러워."

몇 개월째 붕대에 감긴 다리를 쿠션 위에 올려놓으며 신음소리를 낸다.

"친구 엄마는 아흔넷이야. 몇 년째 요양병원에서 호스로 음식물을 공급받고 있어. 근데 요즘은 영양주사를 놔달라고 한대. 그것도 제일 좋은 걸로."

그녀가 물끄러미 나를 쳐다본다. 마치 마음을 들여다보는 것처럼. 이따금 그녀가 볼 수 없다는 사실을 잊는다.

"너 아니? 사람들은 다 다르단다."

나는 무슨 말을 하고 싶었던 걸까. 더 힘든 상황에서도 버티며 사는 사람들이 있다는 걸 말하며, 그녀의 결심을 돌려세우고 싶었던 걸까. 어쩌면 결심을 확인하면서 마음 한구석에 자리한, 죽음을 방조하고 있다는 죄책감을 덜고 싶었던 건지도 모른다. 그녀의 손등에 까맣게 퍼진 피멍이 보인다. 자신의 손등에 생긴 멍조차, 거울조차 들여다보지 못하는 존재. 또렷한 의식으로 조금씩 파괴되어가는 자신을 속수무책 바라볼 수밖에 없는 고통 속에서, 우리는 결국 타자일 수밖에 없다.

내가 그녀의 손을 잡는다. 건조하고 앙상한 감촉이다. 이전에 그녀의 손을 잡았던 기억이 없다. 아마 사람들은 보지 못하기 때문에 손을 잡는 것인지도 모른다. 하지만 마음을 느낄 수 있는 건 눈이 아니라, 손의 감촉이다. 그녀가 내 손에 힘을 꼭 준다. 늙고 병든 존재의 고통을 지켜보고 돌보는 일은, 피할 수 없는 자신의 운명을 미리 마주하는 일일지도 모른다.

"… 넌 친절해."

그녀가 중얼거린다.

내가 말한다.

"우리, 지금부터 특별한 날 기다리지 말고, 목요일마다 샴페인 마시자."

그녀가 의심스러운 눈초리로 묻는다.

"그래도 될까?"

"안 될 이유가 있겠어?"

내가 잔을 들어 그녀의 잔에 부딪친다. 샴페인 덕분에 그녀의 뺨에 혈색이 돈다. 생기는 죽음이 아닌, 삶의 기운이다. 오랜만에 그녀의 웃음소리를 듣는다.

축제와 죽음

    7월, 파리는 올림픽을 앞두고 열기로 들뜬다. 사람들은 파리 메트로가 이렇게 깨끗하고 단정해질 수 있다는 사실에 새삼 놀란다.

도시는 축제를 준비하고, 올비는 조력사$^{\text{Mort assistée}}$ 신청을 위한 서류를 하나씩 채워 넣는다. 안락사^{Euthanasie}는 의사의 손을 빌려 죽음에 이르는 것이고, 조력사는 의사의 도움을 받지만 스스로 마지막 버튼을 누르는 방식이다. 죽음을 '당하는' 것이 아니라, '선택하는' 것. 프랑스에서는 한국과 마찬가지로 둘 다 허용되지 않는다. 태어나는 것은 자유지만, 죽음을 선택할 권리는 없다. 노예의 자살도, 국가의 '재산 훼손'으로 금지되었던 시대가 있었다.

조력사를 신청한 스위스협회로부터 서류 심사가 문제없이 완료되었다는 메일이 온다. 조력사 신청 조건에 부합한다는 말은, 죽음을 통해 고통에서 벗어나려는 동기가 의학적·윤리적으로 수긍 가능한 수준이라는 뜻이다. 이것을 '다행'이라 해야 할까…. 아를레트의 결심은 메일 한 통으로 문서화된다. 죽음은 더 이상 사적인 결단이 아니라 행정절차가 된다.

조력사 비용은 1만 유로. 협회 수수료, 행정비, 화장비까지 포함한 금액이다. '존엄'이라는 추상적 가치는, 인쇄되고 이체된다. 서류 등록과 함께 절반인 5천 유로를 송금한다. 잠시 후, 남편의 거래 은행에서 전화가 온다. 은행 담당자는 계좌명을 되묻고, 송금 목적을 확인한다. 마피아에게 돈을 보내는 것도 아닌데, 마음을 졸인다. 괜히 불안하다.

올비는 어머니에게 조력사 절차를 설명한다.

"전화 인터뷰가 있을 거래. 날짜는 아직 몰라."

목소리 너머로 묻고 답하는 시간이 그 사람의 마지막 결심을 얼마나 정밀하게 들여다볼 수 있을지는 알 수 없었다. 벨기에의 안락사 절차와 비교하자면, 스위스협회의 조력사는 훨씬 간결한 편이다. 벨기에에서는 반드시 두 명 이상의 의사가 삶이 회복될 가능성이 없다는 진단을 해주어야 한다. 스위스는 환자의 내면의 고통도 죽음에 이르는 '충분한 이유'로 간주한다.

올비가 물었다.

"그리고 스위스에서 간단한 의식이 있는데, 음악을 고를 수 있어. 어떤 곡이 좋을까?"

"아를레트는 니나 시몬이지."

내가 대꾸한다.

"맞아."

그녀가 망설임 없이 대답한다.

"니나 시몬의 어떤 곡?"

올비의 질문에 그녀는 내 손을 쥐며 말한다.

"니나 시몬 노래 다 좋지만… 네가 골라주면 더 좋겠어."

그 말에는 이상하리만치 단정한 작별이 담겨있다. 울컥한다. 그녀가 좋아하는 곡을 기억해뒀다가 CD를 선물했던 걸 잊지 않고 있었던 것이다.

올비는 적어온 체크리스트를 들여다보며 묻는다.

"신은… 안 믿지?"

나는 속으로 중얼거린다.

'어휴… 그걸 질문이라고 하나…'

아를레트가 웃는다.

"신은 나에게 왕림하지 않으셨어. 내 불쌍한 인생에…"

"아직 몰라. 철학자 파스칼처럼 갑자기 출현하실 수도."

올비가 농담조로 말한다.

"그럴지도. 근데 시간이 별로 없으니, 부지런히 서두르셔야 할 거야."

오늘 아를레트의 얼굴은 평온해 보인다. 이제 자신의 고통에 마침표를 찍을 수 있다는, 선택이 주는 안도감일까.

잠들기 전, 어떤 수의사의 인터뷰를 듣는다.

수의사로서 안락사에 관한 논문을 작성한 경험이 있는 저는, 신체적·정신적 안녕을 되찾을 희망이 전혀 없을 때 동물의 생명을 끝내는 것이 때로는 그들에게 주는 선물이 될 수 있다는 걸 깨달았습니다. 심지어 가족들이 모두 모인 집 안에서 평화롭게 이루어지기도 하죠. 이런 상황에서 우리는 동물에게 무한한 존중을 보냅니다. 하지만 안타깝게도 사회는 여전히 회복 불가능한 고통에 시달리는 인간에게 그런 존중을 허용하지 않습니다.

친절한 감옥, 불편한 자유

한국에 계신 어머니에게 안부전화를 건다. 어머니는 아마 거실 침대에 누워 텔레비전을 보다가 전화를 받았을 것이다. 나는 5천 마일 떨어진 곳에 있어도 전화 속 목소리에서 어머니의 컨디션이나 기분을 정확하게 읽을 수 있다. 어머니가 말한다.

"얘야. 내가 백혈병 진단받은 게 예순다섯이었잖니. 그때 내가 죽었더라면 힘든 일도 겪지 않고 이렇게 보기 싫게 늙지도 않았을 텐데."

마치 원하지 않은 전쟁터에 끌려간 군인의 푸념처럼 들린다. 하지만 졸병 마음대로 끝낼 수 없는 전쟁이다. 낯선 자신과 자율성을 잃어가는 전선에서 버티는 싸움. 노모의 목소리는 내 늙음을 먼저 말해준다. 그녀가 잃어가는 것들은 언젠가 내가 잃게 될 것들이다.

2년 전, 낙상사고로 수술을 한 뒤 아를레트는 재활병

원에 머물렀다. 햇살이 잘 드는 넓은 일인 병실, 간병인들이 챙겨주는 쾌적한 공간에서 그녀는 오직 집으로 돌아갈 생각뿐이었다. 그땐 이해할 수 없었다. 저 넓고 편한 병실을 떠나 계단도 불편한 아파트로 돌아가고 싶을까….

아를레트는 타인에게 자신이 맡겨지는 상태를 원하지 않았다. 그녀에게 '집'은 단순한 장소가 아니었다. 삶은 아직 자신이 결정한다는 감각이 허락되는 공간이다. 식탁 위에 무엇을 놓을지, 커튼을 열지 말지를 스스로 선택할 수 있는 곳. 그 일상의 사소한 결정들이 '나는 아직 삶의 주인이다'라는 감각을 지켜준다.

늙음은 서서히 소멸을 향해 나아가는 과정이다. 인간은 점점 무력해지고, 의존적이 된다. 결국 누구나 자신의 '존엄'과 '자유'를 어디까지 지켜낼 수 있을 것인가, 그 질문 앞에 서게 된다.

바젤에 사는 한 남자의 조력사 인터뷰를 봤다. 일흔 초반쯤 되어 보이는 그는 파킨슨병 진단을 받은 뒤 점점 의존적으로 되어가는 삶을 원치 않기 때문에 이런 결정을 했다고 담담하게 말했다. 그리 늙지도 병색이 두드러지지도 않은 남자 모습에 놀랐다. 그는 옆에 앉은 부인을 쳐다보며 말했다.

"그녀도 삶을 살아야지요."

카메라가 그의 아내를 비췄다. 고개를 살짝 숙인 그녀는 말없이 고개를 끄덕였다. 옅은 슬픔과 깊은 동의가 담긴 표정이었다.

타인의 희생에 기대지 않겠다는 남자의 말을 들었을 때 렌^{Rennes}에 사는 선배의 한국에 계신 어머니가 떠올랐다. 며느리에 의존하는 아흔일곱의 어머니는, 최근 일흔 번째 생일을 맞은 며느리가 친구들에게서 여행 제안을 받은 걸 알고 이렇게 말했다.

"내가 죽은 뒤에 가도록 해라."

그 말은 '상대의 삶보다 내 것이 먼저'라는 선언처럼 들렸다. 노모는 '이젠 내가 중심이 아니다'라는 사실을 받아들이지 못한 채 가족의 시간을 자기 삶의 일부처럼 다루는, 의존으로 가장한 권력이었다. 누군가의 희생을 통째로 끌어다 쓰는 일은 더 이상 미덕으로 부르지 말아야 한다.

퇴원한 뒤로 아를레트는 한 번도 외출하지 않았다. 집은 스스로를 지키는 은신처이자 누에고치처럼 그녀를 감싸는 삶의 일부였다. 아마 그 고치를 벗어나는 날은, 나비로 변하는 순간일 것이다.

존재의 우아함에 대해서

친구 이자벨, 아녜스와 파리 콩트르스카프 광장 근처, 오랜 단골 한국 식당에 간다. 새로 바뀐 인테리어에 놀라 물어보니 주인이 바뀌었다고 한다. 늘 그 자리에 있을 거라는 습관적 믿음이 깨질 때 우린 작은 상실을 경험한다. 파리의 풍경도 생로병사가 있다. K-푸드 유행을 타고 생긴 젊은 식당들은, 까다로운 단골의 입맛을 좀처럼 만족시키지 못한다.

씁쓸한 뒷맛을 삼키고 카르디날가의 카페로 향한다. 문을 여는 순간, 볶은 커피 향이 코를 감싼다. 낯설어진 도시에서 오래된 장소를 다시 찾는 건, 어쩌면 이 세계 어딘가에 아직 내가 속해 있다는 감각을 확인받고 싶어서일지도 모른다.

시어머니 소식을 전하자 이자벨이 말한다.

"정말 안타까운 일이야."

그녀는 커피잔을 조용히 내려놓으며 단호하게 덧붙였다.

"하지만 인간은 어떤 상황에서도 죽음을 선택하도록 내몰려서는 안 돼."

아녜스가 불편한 듯 말했다.

"고통받는 동물을 위해서는 적절한 조치를 해주면서, 고통받는 인간은 죽음에 대해 왜 결정할 권리를 갖지 못하지? 누구나 가족 곁에서 평화롭게 생을 마감하길 바라잖아."

이자벨은 말없이 커피잔을 다시 들었다. 그녀의 아버지는 3년 전 아이슬란드 여행 중 호텔 침대에서 잠들었고 다시 깨어나지 않았다. 누구나 꿈꾸는, 이상적인 죽음이었다.

나는 이자벨을 바라보며 말한다.

"너 아니? 대신할 수도, 치유될 수도 없는 고통이 있어."

아녜스가 고개를 끄덕이며 말했다.

"죽지 않으려는 욕망만으로는 삶을 설명할 수 없어. 살아야만 하기 때문에 사는 인생도 없고. 난 솔직히 말해서 너희 시어머니의 선택, 이해할 수 있어."

이자벨이 다시 반박했다.

"고통은 주관적이야. 누군가에겐 견딜 수 없는 일이, 다른 누군가에겐 살아갈 이유가 되기도 해. 문제는, 그걸 자유로운 선택이라 부르면서도, 고통을 함께 감당해 주지 못하는 사회야. 결국, 그런 선택 외엔 다른 길이 없게 만드는 구조가 더 잔인한 거지."

"고통을 견디는 게 삶의 의미가 될 수도 있겠지. 하지만 그 의미가 모두에게 똑같이 적용되진 않아. 그럼, 같이 스위스에 가는 거야?"

아네스가 묻는다.

"응. 올리비에와 나, 그리고 시누이 안느."

"대단한 일이야."

"뭐가?"

"죽음을… 동반해 주는 일."

백네 살이 된 아네스의 어머니 — 반쯤은 아이, 반쯤은 유령처럼 산다. 아네스는 파리와 스트라스부르까지 왕복 400킬로미터의 거리를 보름 단위로 오가며 어머니를 돌본다. 언젠가, 아이를 낳아본 적 없는 자신이 어머니를 돌보는 일에서 그나마 쓸모를 느낀다고 말한 적이 있다.

"참, 보여줄 게 있어."

무언가 떠오른 듯 가방을 뒤지던 아네스가 지갑에서 카드를 꺼내 내민다.

"드디어 시신 기증 카드를 받았어. 그런데 사진이 영 딴사람 같지 않아? 효력이 있을지 모르겠네."

그녀는 카드 속 사진을 보여주며 웃는다.

아네스는 오래전부터 시신 기증을 결심했다. 독신이고 은퇴한 과학자로서 당연한 선택이라고 여겼다. 하지만 그것만은 아니다. 먼지 하나 없이 정돈된 아파트, 일주일이 지나면 자동으로 사라지는 메시지들, 소유도 의존도 없는 삶. 사라질 때조차 자신을 남기지 않으려는, 지독할 만큼 깔끔한 태도. 그것은 스스로에게 부여한 질서이자 품위다.

햇살이 가득 쏟아지는 거리를 내다본다. 길 건너 2층, 매일 이 거리에서 구걸하던 노파, 그녀가 살던 아파트 창이 보인다. 줄담배로 목소리가 망가진 노파는 아흔이 훌쩍 넘도록 살았다. 거동이 불편해지자 창에 긴 끈을 매달아 구걸했다. 그것은 구차함이라기보다는, 세상에서 퇴장하지 않으려는 필사적인 집념처럼 보였다. 이제 그 창엔 무덤 같은 어둠만이 남아있다.

우아함이란 삶에 대한 맹목성을 벗어나는 것이라는 말을 떠올린다. 구차하거나 숭고하거나, 인간은 죽음 앞에서 자신의 언어를 갖는다.

세월의 침전물

안느는 시골집에서 한 달 반째 여름휴가를 보내고 있다. 어머니의 조력사 결정이 그녀의 휴가를 방해할 일은 없어 보인다. 아를레트에게 물었더니, 덤덤하게 대답했다.

"메종 돌보는 게 손이 많이 간다더라."

메종이라니. 짐짓 놀랐지만 내색하지 않는다. 올비조차 그런 여동생에 대해 아무 말이 없다. 이 집에서는 노모를 돌보는 일이 각자 운용하는 비밀계좌처럼 서로 넘보지 않는 불문율 같다.

교사로 일찍 은퇴한 안느는 사실상 2년 전부터 긴 휴가를 보내는 중이다. 그 즈음 그녀는 가족들 앞에서 이렇게 말했다.

"개를 산책시키다 보면 남자를 만날 수도 있겠지."

그 말이 농담이었는지, 진심이었는지 아직도 알 수 없다.

올비가 "남자는 아무짝에도 쓸모없다"고 하자, 안느는 "그래도 여자보다는 낫지"라고 맞받았다.

안느는 오래전부터 '다가다'라는 고양이를 길렀다. 잠자는 곳에서 먹이통까지만 간신히 움직이는 고양이, 사람들은 우울증이라고 했다. 배가 바닥에 붙은 채 걷는 건지 굴러가는 건지 알 수 없었다. 소파에 누워있을 때는 종종 방석과 착각하기도 했다. 안느는 충족되지 못한 애정의 배설구처럼 고양이에게 먹이를 주었다. 다가다가 죽고, 그녀는 또 다른 고양이를 샀다. 그리고 2년 전 개를 입양했다.

2년 전 가족여행을 떠났을 때, 안느는 지팡이에 의지해 걷는 어머니와 몇 미터 떨어진 거리에서 반려견 목줄을 잡고 있었다. 인간을 돌보는 일은 때때로 자신을 마주보게 만든다. 그 안에는 오래된 실망과 감정의 응어리, 불편한 책임감이 겹친다. 반려동물은 다르다. 판단하지 않고 감정을 요구하지 않는다.

상처받은 마음을 방패 삼아 더 큰 무관심을 정당화하는 사람들은 돌봄이 사랑에서 나온다고 말할지 모른다. 하지만 돌봄에서 사랑이 생기기도 한다. 인간은 '조건의 산물'만은 아니다. 겪은 방식이나 이야기 속에서 자신을 다시 만들어갈 수 있는 존재다. 반려견보다 더 선명하게 자신을 비추는 건, 결국 타인과의 관계다.

나탈리아 긴츠부르그의 《작은 미덕》을 읽다 이런 문장을 발견한다.

'이기주의는 한 번도 절망을 치료한 적이 없다.'

나는 여백에 연필로 적는다.

'궁핍한 영혼이 주는 차가움.'

조언이나 간섭이 인간을 바꾸지는 않는다고 생각한다. 우리는 각자의 선택이 만든 경험으로 살아간다. 하지만 세월은 그 선택의 침전물을, 비교적 공정한 방식으로 되돌려준다.

손끝으로 더듬는 시간

채소를 신선하게 보관할 수 있다는 초록색 용기에 방울토마토를 넣었다. 일주일 만에 꺼내보니, 겉은 멀쩡했지만 단맛이 사라졌다. 어쩌면 썩는 것도 자연의 일부다. 그걸 거스르려는 노력은 부질없고, 잔망스럽다. 아스파라거스의 껍질을 벗기고, 아티초크를 조심스럽게 씻는다. 발코니에서 화분의 마른 잎들을 떼어내다 문득, 어린 시절을 떠올린다.

일곱 살 봄, 마루에 누워 햇살 사이로 날리는 먼지를 바라보며 생각했다. 왜 모든 것은 변할까. 이 모든 것을 파괴하는 주범이 시간이라는 것을 어렴풋이 느끼며, '영원'에 대한 갈망도 생겼다. 존재의 덧없음과 시간에 대한 최초의 각성이었다. 그때 햇살을 보며 다짐했다. '지금 이 순간을 기억하자.' 모든 것이 변해도, 이 기억만큼은 영원히 붙들어야지. 그렇게 그 기억은 살아남았다. 죽음이라는 완전한 소멸 앞에서 우리가 저항할 수 있는 유일한 방식은 기억이다.

서랍 속에서 아이 이름이 새겨진 자수 헝겊 띠를 발견한다. 아를레트는 아이들이 초등학교에 다닐 때 옷이 바뀌지 않도록, 수예점에서 이름표를 주문해 손수 꿰매주곤 했다. 이제는 더 이상 쓸 일이 없지만, 어쩐지 쉽게 버릴 수 없다.

여름 바캉스가 끝나고 아이들이 시골집에서 돌아올 때, 가방 안엔 할머니가 깨끗이 다린 옷들이 차곡차곡 개어져 있었다. 사랑이 섬세함이고 정성이라는 걸, 나는 그녀를 통해 배웠던 것 같다. 그녀는 내가 가져다준 반찬통을 늘 꼼꼼히 챙겨 돌려주고, 빌려준 책도 잊은 적이 없었다. 남의 것을 떼어먹지도, 퍼주지도 않는 그녀의 고지식한 면에는 빈틈이 없다. 우리가 누군가를 기억하는 방식은 항상 이런 잔잔한 습관들이다.

시력이 나빠진 뒤, 아를레트는 어머니에게서 물려받은 재봉틀을 내게 주었다. 그건 단지 오래된 재봉틀이 아니라, 할머니의 시간을 이어주는 아날로그적 서사처럼 느껴졌다. 유대어로 '디북^{dybbuk}'이란 말이 있다. 어떤 존재가 우리의 영혼에 붙어 떨어지지 않는 것, 우리 삶에 깊이 들러

붙은 무엇을 뜻한다. 디북은 잊히지 않는 과거, 떨쳐낼 수 없는 기억, 다 끝나지 않은 삶의 조각이다. 그것이 때론 조상일 수도 있고, 책이나 이야기일 수도 있다.

우리는 각자의 디북, 과거의 목소리, 떠나지 않은 영혼들을 품고 살아간다. 그들과 함께 자신의 삶을 다시 묻고, 다시 세울 수 있다. 오랜 세월 눈치 채지 못했던 그녀가 준 사랑을 나는 이제야 손끝으로 더듬는다.

거절의 기술

　　삶의 의미는 무엇일까. 플라톤은 '선의 이데아'에서 삶의 의미를 찾았고, 니체는 자기 극복의 의지에서 찾았다. 나는 나이가 들수록 식탁에서 삶의 의미를 찾는다. 감히 말하건대, 잘 먹기 위해 사는 것이라는 생각이 든다. 장을 보고, 요리를 하고, 테이블을 차리고, 친구들과 음식을 나누는 시간. 늦은 밤, 지친 몸을 침대에 눕히는 아늑함. 다음 날, 식탁을 치우고 면행주로 와인 잔을 닦으며, 햇살에 반짝이는 유리를 바라보는 것까지. 그런 순간들이 삶을 이루는 작고 단단한 조각들이다. 맑고 투명한 잔을 보면 마음이 산뜻해진다. 귀찮지만, 이런 노동은 천천히 즐길 만한 가치가 있다. 닦는 일에 집중하다 보면, 조용히 나만의 시간 속으로 들어가게 된다.

　시아버지가 떠오른다. 설거지는 늘 그의 몫이었기에 감히 도와주겠다는 말조차 꺼내지 못했다. 그는 어설프게

휘파람을 흥얼거리며 잔을 닦았고, 말없이 집안의 궂은일을 도맡았다. 학교에서 아이가 아프다는 연락이 오면, 픽업을 부탁하기도 전에 이미 신발 끈을 매고 있었다.

말년에 그를 가장 힘들게 만든 건, 어쩌면 더 이상 누구에게도 도움이 될 수 없다는 절망이었을지도 모른다. 생각해 보면 우리가 누군가에게 쓸모 있는 시간조차 삶이 잠시 허락한 역할이다.

일요일, 남편과 시어머니 집에 간다. 아를레트의 손톱이 길게 자란 걸 보고 놀라 물었다.

"깎아줄 사람이 없어서."

내가 깎아주겠다고 하자, 괜찮다고 한다. 자기 몸을 타인에게 부탁하는 데 익숙하지 않은 것이다.

시어머니 집을 나서며 올비에게 말한다.

"어디선가 읽었는데, 타인과의 관계는 요구하기, 주기, 받기, 거절하기로 이루어진대. 곰곰이 생각해 보면, 나도 아를레트도 타인에게 뭔가를 요구하는 게 어려운 사람들이야. 나는 특히, 거절이 힘들고."

"예를 들면?"

"거절하는 데 너무 많은 에너지가 들어서 그냥 해버려. 언젠가 타인의 도움이 꼭 필요해지는 나이가 되면, 뭔가를 요구할 수 있을까…. 아마 잘 못할 것 같아. 난 내가 말하기도 전에 누가 알아서 해주길 바라거든."

그가 '픽' 웃는다. 치밀하게 계획까지 세워 부탁하는 사람에겐, 내가 어리석게 보일지도 모른다.

문득 생각한다. 학교에서 외국어 대신 '거절의 기술'을 가르쳐줬더라면 어땠을까. 생물 시간에 종의 기원처럼 '인간은 생김새만큼 타인의 고통을 공감하는 능력도 다르다'는 걸 배웠더라면, 자율과 친밀함의 균형 같은 걸 일찍 익혔더라면….

특히 '알아서 해주길 바라는 마음'이야말로 오해와 갈등의 시작이다. 때로는 나조차 나를 모르는데, 마음의 설계도가 전혀 다른 타인이 어떻게 헤아려주겠는가. 그래서 기대에는 통역이 필요하고, 돌봄에는 합의가 있어야 한다.

나도 한때는 요양원에 들어가는 걸 끔찍하게 여겼다. 하지만 몇 해 전 병원에 오래 입원해 있을 때, 마음이 편했다. 말하지 않아도 알아서 해주는 사람들, 쓸데없는 기대도, 실망할 일도 없었다. 그때 생각했다.

'절대적인 도움이 필요해진다면, 감정이 개입되지 않는 직업적인 돌봄을 받는 게 더 나을지도 몰라.'

하지만 인생은 그렇게 단순하지 않다. 생존형으로 끼

니를 때우는 일이 쉽지 않은 나 같은 사람은, 요양원에 가면 아마 제일 먼저 굶게 될지도 모른다.

노인의 침묵

아를레트와 떠난 마지막 여행은 2년 전, 노르망디의 저택을 빌려 다녀온 것이었다. 시어머니는 사람들이 모인 자리에서 거의 말을 하지 않았다. 여러 사람이 동시에 이야기하면, 보청기에서는 윙윙거리는 소음처럼 들린다며 보청기를 끼지 않는 일이 많았다. 들을 수 없으니, 말할 이유도 점점 사라졌다. 귀가 멀어간다는 건 단지 소리를 잃는 일이 아니라, 침묵 속에서 천천히 자신을 잃어가는 일이기도 하다.

시어머니는 가족이 둘러앉은 자리에서, 학기말 시험 때문에 먼저 파리로 돌아간 아들 현비의 소식을 물었다.

"잘 도착했대. 어제 내가 말했던 거 기억 안 나?"

내가 되묻자, 그녀는 작게 대답했다.

"아이고, 너도 알잖니. 귀가 잘 안 들려서…."

기억력도 함께 느슨해졌으리라 생각했다. 그런데 그

말을 듣고 있던 조카 마린이 날카롭게 끼어들었다.

"할머니, 알아듣지 못했으면 다시 물어봐야 해."

올비도 맞장구쳤다.

"마린 말이 맞아. 안 들리면 다시 말해달라고 해야지."

그건 올비가 내가 처음 프랑스에 왔을 때도 했던 말이다. 내가 따지듯 물었다.

"한두 문장이야 다시 물을 수 있지. 모든 대화를 멈추고 반복하게 할 수는 없잖아."

"숙모, 내가 그쪽으론 전문가야. 병원에서 일하는 내가 그것도 모른다고 생각해?"

어릴 적 난독증을 극복하고 언어 교정사가 된 마린에게 소통은 훈련으로 길들이는 것일지도 모른다. 하지만 우리는 노인의 침묵을 잘 이해하지 못한다. 청력은 천천히 어두워지고, 기억은 점점 희미해진다. 세상과의 연결이 서서히 끊긴다. 늙는다는 건 점점 이해받지 못하는 존재가 되어가는 일이다. 그런데 마린과 올비는 마치 외국어를 배우듯 조금만 더 노력하면 고립에서 벗어날 수 있다고 믿는 것 같아 답답했다.

그날 저녁, 정원에 나갔다가 담벼락 아래 쭈그리고 앉아 우는 마린을 보고 놀라 물었다.

"무슨 일이야? 왜 울어?"

마린은 눈물을 훔치며 말했다.

"할머니를 보면 할아버지 생각이 나. 저렇게 혼자 늙어가는 걸 보는 게 슬퍼."

"늙는다는 건 슬픈 일이야."

"난 할머니가 저렇게 담을 쌓는 게 싫단 말이야."

"벽을 쌓는 게 아니라, 서서히 달라지는 거야. 아흔 살을 지나 아흔다섯이 되어가는 거지. 욕망도, 움직임도, 말의 방식도 다 달라져. 신생아처럼 먹고 자게 될 수도 있어. 우리는 그냥 그 옆에 함께 있어주는 수밖에 없어."

소통은 말이나 기술이 아니라, 늙음을 이해하고 침묵을 듣는 일이라는 말을 해주려다 그냥 삼켰다.

파리로 돌아가기 전날, 아를레트는 긴 산책이 무리라며 집에 남겠다고 했다. 나와 단비도 함께 남았다. 느리고 조용한 오후였다. 거실에 앉아 커피를 마시다 단비가 할머니의 어린 시절을 물었다. 아를레트는 앤티크 장롱 깊숙한 서랍에서 실타래를 꺼내듯, 기억을 하나씩 꺼내주었다.

"내가 열세 살 때였지. 여름 내내 뒷집 마르셀 아저씨가 자두를 몰래 따가는 걸 알면서도, 아버지는 한 마디도 안 하셨어. 그해 마지막 날, 자두나무 아래 앉아 혼잣말처럼 그러시더라. '마르셀은 이 자두가 자기 집 자두보다 더 맛있다고 믿는 거야. 그거면 됐지.' 그 말이 이상하게 오래 남더라."

단비는 눈을 반짝이며 듣다가, 조용히 말했다.

"노인들은 똑같은 말을 반복한다고 하지만, 지금처럼 처음 듣는 이야기일 수도 있구나. 할머니가 이렇게 또렷이 기억해서 들려주는 게, 감동이야."

나는 단비와 마주앉은 아를레트가 실타래를 천천히 감아올리는 장면을 지켜보는 기분이었다.

사람들은 늙음이라는 불편한 거울 앞에 오래 머물고 싶어 하지 않는다. 그 안에 고유한 삶과 이야기가 있다는 사실도 잊는다. 아이처럼 챙겨주지만, 대화하지 않는다. 배려처럼 보이지만, 사실은 회피다. 침묵의 방에서 노인을 데리고 나올 수 있는 가장 단순한 방법은, 눈을 맞추고 질문하는 것이다. 사람들은 질문하지 않는다. 자기 이야기도 제대로 하지 못하면서.

완벽하고 공정한 인생의 룰

최선을 다해 산다는 건 무슨 의미일까. 왜 우리는 그렇게 살려고 하는 걸까. 어쩌면 인간이 '후회'를 두려워하기 때문이 아닐까. 그래서 사고를 대비해 보험을 들 듯, 우리는 최선을 다해 살아보려 한다. 덕분에 밤에는 조금은 평온하게 잠들 수 있다.

타인보다 자기감정에 몰두한 사람들이, 언젠가는 후회할 거라 생각하지만 결코 그렇지 않다. 인간은 각자 자기 기준대로 살아갈 뿐이고, 그 기준은 놀라울 만큼 다르다. 내가 생각하는 가장 공정하고 완벽한 인생의 룰은 이것이다. '내가 대접받고 싶은 방식으로 타인을 대우하는 것.' 상대가 누구든, 어떤 상황이든. 이를테면 부모를 돌보는 일도 마찬가지다. "만약 네 자식이 너를 그렇게 대한다면?" 그 질문이면 충분하다.

누군가는 충만한 인생이란, 불확실한 상황에서 춤을

출 수 있는 능력이라고 말했다. 나 같은 평범한 사람에겐 이를 수 없는 경지다. 좋은 일도 나쁜 일도 있기 마련인 인생, 가능하면 좋은 일에 더 민감한 쪽이 낫지 싶다. 인생은 비교할 수도, 객관화할 수도 없다. 그저 스스로에게 묻는 것. '나는 지금 괜찮은가?' 정도의 질문이면 충분하다.

7월 말이다. 조력사를 기다리는 우리도 여전히 산다. 언제가 될지 알 수 없지만, 마지막을 기다리는 아를레트도 이전과 다르지 않게 하루하루 살아간다. 그녀와 나의 유일한 이벤트는 목요일에 샴페인을 마시는 일이다.

아를레트에게 전화를 건다.

"혹시 먹고 싶은 거 있으면 꼭 말해줘."

그녀는 잠시 생각하더니 말했다.

"음… 네가 만든 한국 음식, 특히 해물전이나 튀김."

아를레트는 입맛이 까다로운 편이지만, 김치를 귀한 음식이라 여겼고, 처음 먹는 한국 음식에도 늘 호기심이 있었다. 그녀는 음식을 받아들이는 방식으로, 오래전부터 나를 받아들였다. 그것은 관대함이라기보다는 감각을 공유하는 친밀함이었다고 생각한다.

목요일 아침, 마르쉐에 간다. 7월의 마지막 주. 장터는 손님도 상인도 좌판도 절반쯤 줄어 있다. 이미 반쯤 문을 닫은 가게들 사이로, 마지막 여름휴가의 들뜬 기분을 담고 나온 몇몇 상인들만 자리를 지킨다. 단골 생선가게도 예외는 아니다. 멀리서 봐도 좌판이 허전하다.

그 틈에서 투명하고 반듯한 오징어가 눈길을 끈다. 침을 꼴깍 삼킨다. 킬로에 35유로. 5만 원이 넘는다. 불과 몇 년 전 10유로 안팎이었던 것을 생각하면 세 배가 넘는 셈이다.

'모양이나 가격이나, 액자에 넣어두면 딱이겠군….'

가장 싱싱해 보이는 오징어를 고른다. 상인이 미간을 좁히며 묻는다.

"손질해 드릴까요?"

"아뇨."

손질된 오징어는 뭐랄까, 책장을 넘기는 감촉 대신 오디오북으로 책을 읽는 기분이다. 나는 싱싱한 오징어의 살을 손끝으로 느끼는 즐거움을 포기할 수 없다. 샴페인과 함께 먹을 튀김을 위해 새우도 한 줌 산다.

장을 보고 돌아오는 길, 마담 프리바가 앞에서 애완견을 산책시키듯 장바구니 수레를 끌며 걷는다. 얼른 달려가 현관문을 열어주며 인사한다.

"봉주르, 마담. 어떠세요?"

그녀는 늙는 고통을 말해 봐야 무슨 소용이냐는 듯 입

을 삐죽인다. 내가 덧붙인다.

"그래도 오늘 안색이 좋아 보이는데요?"

그녀가 웃으며 답한다.

"아, 글쎄. 내 딸도 그러더군요. 그래서 내가 그랬어요. 내가 죽고 나면 사람들이 입을 모아 그 노파, 얼굴빛 하나는 끝내줬다고 할 거라고."

나는 소리 내어 웃는다. 애완견이 떠나고, 남편이 떠나고, 혼자 남은 그녀는 자기 죽음을 희화화하며 건재함을 드러낸다.

마담 프리바와 나눈 미소를 머금고 집으로 돌아온다. 오징어를 꺼내 손질하고, 기름을 데운다. 물기를 잘 닦고 튀김옷을 입힌다. 칼라마리 튀김을 만들 때마다, 올비와 처음 갔던 그리스 낙소스 섬이 떠오른다. 어떤 맛은 기억을 압축파일처럼 풀어낸다. 낙소스에 대한 기억은 대부분 흐릿하지만, 핑크빛 주머니 같은 부리로 생선을 삼키던 펠리컨과 항구 근처 허름한 식당에서 먹었던 바삭한 칼라마리의 맛은 선명하다. 그리스 음식은 담백하다 못해 소박하지만, 해산물에는 지중해의 향기가 스며있다. 무엇보다 기억에 남는 건, 칼라마리에 밴 바다 냄새였다.

튀김옷은 너무 두껍게 입히면 재료의 식감을 망치고, 너무 얇으면 바삭함이 부족하다. 지중해로 내려갈수록 튀김옷도 가벼워진다. 그 적당한 균형을 찾는 것이 경험이다. 재빠르게 오징어와 새우를 튀겨낸다. 부엌엔 바삭하고 고소한 냄새가 가득 퍼진다.

아를레트에게 전화를 건다.

"지난주에 샴페인을 냉장고에 넣는 걸 깜빡했어. 혹시 벽장에서 한 병 꺼내서 냉장고에 넣어놓을 수 있을까?"

"장담은 못 하지만, 노력은 해볼게."

달력을 본다. 스위스에서는 아직도 소식이 없다.

죽음을 미루고 싶은 마음과 답답한 기다림이 끝나길 바라는 마음. 끝을 예감하면서도 아무렇지 않게 살아내는 시간. 마음 한편에서 불안이 스며든다.

'근데 혹시 보이스피싱 사기를 당한 거라면?'

목요일의 샴페인 II

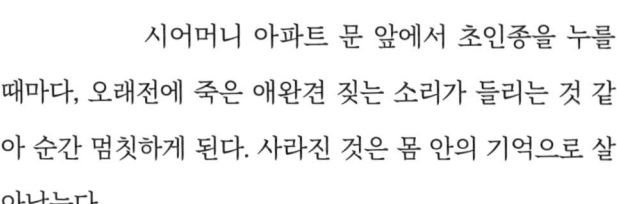

　　　　　시어머니 아파트 문 앞에서 초인종을 누를 때마다, 오래전에 죽은 애완견 짖는 소리가 들리는 것 같아 순간 멈칫하게 된다. 사라진 것은 몸 안의 기억으로 살아남는다.

　열쇠를 돌려 문을 열고 들어가자마자 고개를 내밀어 거실 안쪽을 살핀다. 아를레트는 소파에 앉아 헤드폰을 낀 채 오디오북을 듣다 잠들어있다. 광채 잃은 잿빛 머리칼, 떨군 목, 기다림이라는 덫에 갇힌 존재의 고통이 그대로 전해진다.

　냉장고에서 샴페인을 꺼내고, 다시 채워 넣으려 벽장문을 연다. 열 병이 남았다. 이걸 다 마실 날이 남아있을까. 이 기다림의 시간은 삶 전체보다 더 길고, 무거운 것 같다. 이게 마지막일까. 매일같이 의심하며 유예된 채 떠 있는 시간 속에서 아를레트는 침묵으로 견딘다. 자신의 마지막을 기다리는 심정은 어떨까. 두려움보다 고통이 먼저일 것이다. 죽음보다 끝으로 흘러가는 시간이 더 고통스럽기 때문에. 하지만, 단단함이 없다면 어떻게 이런 시간을 견딜 수 있을까.

인기척을 느낀 그녀가 눈을 뜬다.

"너, 왔니?"

"응."

내가 냉장고에서 샴페인을 꺼내는 걸 아를레트는 알고 있다. 마음속으로 그녀가 할 말을 미리 떠올리고 있으면, 정말 그 말이 나온다.

"벽장 샴페인은 냉장고에 새로 넣었니?"

"그럼 그럼."

한 치 오차도 없는 성격에 웃음이 나온다. 촘촘한 일상의 규칙은 바리새인의 율법 같다. 아침마다 냉장고에서 버터를 꺼내 놓고, 양말은 반드시 뒤집어 말리고, 이를테면 나와 목요일에 샴페인 마시는 약속도 그녀에게는 어찌나 절대적인지, 다른 사람과는 샴페인을 마시지 않는다. 사람들은 그때그때 기분에 따라 바뀌기 쉬운데, 그녀는 사소한 약속도 규칙처럼 지킨다. 아마 그 고집이, 내가 좋아하는 그녀의 순수함일지도 모른다.

가방에서 꺼낸 해물전과 튀김에서 고소한 기름 냄새

가 퍼진다. 소파에 앉자 그녀가 말한다.

"드디어 〈로베르〉 프랑스 사전에 '김치'가 실렸단다."

예전엔 한국 관련 기사를 오려서 챙겨주곤 했다. 이제 신문을 읽지 못해도, 라디오에서 들은 이야기를 기억해 전해준다. 샴페인을 따르는데 그녀가 말한다.

"좀 전에 뉴스에서 들었는데, 연명치료를 원하지 않는다고 등록해도 집에서 쓰러지면 구급대가 응급실에 데리고 가서 CPR을 시도한대."

그러곤 걱정스럽게 거실 벽을 가리키며 말한다.

"아무래도 거실 벽 한가운데에 써 붙여야 할 것 같지 않니?"

그녀에게 연명치료는 끔찍한 고통에서 벗어나려는 삶을 침해받는 일처럼 느껴졌을 것이다. 진짜 벽은, 존엄한 죽음을 위해 감내해야 하는 현실의 벽이다.

"걱정 마. 그런 일은 절대 없을 거야."

내 말에 안심하는 눈치다.

"내가 프루스트의 질문을 가져왔어. 이 게임 해본 적 있어?"

"알지만, 해본 적은 없어."

그녀는 한 모금을 들이켜고 잔을 내려놓는다.

"이거, 참 맛있지."

내가 책장을 넘기며 묻는다.

"가장 좋아하는 꽃은?"

"뭐?"

"꽃."

다섯 번을 반복하지만 꽃, 플레르^{fleur}를 알아듣지 못한다. 파열음 F 때문이다. 굳게 닫힌 문을 절망스럽게 두드리는 기분이다. 그녀의 세상은 내가 보는 세상도, 듣는 세상도 아니다. 덧창 내린 어두컴컴한 방, 저 깊은 수면 아래 바다 같은 곳이다.

간신히 '장미', '수선화' 같은 단어를 건네자, 그제야 눈치 챈다.

"아, 꽃!"

그녀는 몇 개의 단어만으로 의미를 추측하는 요령을 터득한 듯하다. 잠시 생각에 잠긴다.

"시골집 내 정원의 꽃들…"

그녀는 잠시 뜸을 들이다 미소 지으며 말했다.

"모르방에서 아이들과 보냈던 시간."

아이들이 어렸을 적 산책을 나갈 때마다 들꽃을 따서 할머니에게 건넸다. 그녀는 활짝 웃으며 고마워했고, 들꽃을 정성스럽게 물컵에 꽂아두었다. 낡은 스웨터 차림으로 잔디밭에 누워 아이들과 뒹굴던 할아버지. 해 질 무렵 정원에서 함께 마시던 아페리티프. 짭조름한 소시송 맛과 함께, 나는 처음으로 '가족적인 삶'이란 걸 알게 되었다.

내가 묻는다.

"스위스로 가기 전에, 모르방 시골집에 가보고 싶지 않니?"

'마지막'이라는 단어는 입 안에서만 맴돈다.

"불가능해. 하지만 난 매일 그곳을 떠올려. 정원 앞 돌벤치에 앉아 햇살을 받던 순간들…."

어둠을 견디게 하는 건, 기억이라는 햇살인가 보다. 죽음을 앞둔 시간은 끝을 향해 달리는 것이 아니라, 남아있는 감각과 기억을 조용히 꺼내어 들여다보는 시간이다.

내가 묻는다.

"결정을 하고 나서… 죽음이 두렵지 않아?"

그녀는 눈을 감고 깊게 숨을 들이쉰다. 그리고 담담하게 말한다.

"고통을 끝낼 수 있다는 사실에 안도해."

그녀의 목소리에는 회환도, 슬픔도 없다. 그녀의 편안함을 바라는 마음과 그 편안함이 곧 이별이라는 사실이 겹쳐진다. 그래도 이 순간만큼은 함께 살아있는 동지처럼 잔을 부딪친다.

사랑하는 순간,
이미 애도는 시작된다

"자기 엄마가 죽는 걸 돕고 있다니…."

올비가 냉장고 문을 열다 말고 중얼거렸다. 자조적인 그의 목소리에는 죄책감과 무력감이 묻어있다. 나는 마시던 컵을 내려놓으며 못 들은 척했지만, 그 문장은 마음속에 파문을 남긴다. 조력사, 말 그대로 사랑하는 이의 죽음을 조력하는 일이다. 머리는 그 고통을 끝내야 한다고 말하지만, 죽음에 동조한다는 죄의식에서 완전히 자유로울 수는 없다.

만약 이런 고통스러운 절차 없이 아를레트가 모든 시간을 자기 안에 감춘 채, 사랑하는 이들을 밖에 둔 채, 혼자 마지막을 선택했다면 어땠을까. 죄책감과 두려움은 줄겠지만, 함께할 수 있었던 시간을 거부당한 상실감은 더 컸을 것이다. 이 작별 연습은 괴롭고 고통스러운 시간이지만, 끝까지 서로 곁에 있다는 사실만으로도 위안이 된다. 적어도 우리에겐, 배웅할 시간이 있다.

후배 J의 어머니는 쉰아홉에 간암 판정을 받고, 석 달만에 세상을 떠났다. 10년이 지난 지금도, J는 어머니의 죽음 이야기를 꺼낼 때마다 눈물을 가누지 못한다.

"전요, 지금도 그때 엄마에게 그 사실을 말해야 했는지 모르겠어요. 엄마는 알고 싶지 않아 하셨던 것 같아요. 많이 두려우셨겠죠."

죽음을 받아들이지 못한 어머니를 마지막 인사조차 나눌 기회 없이 떠나보낸 슬픔은 지금도 그녀 안에서 '현재형의 응어리'로 남아있다.

"엄마가 돌아가시고 나서, 그냥 이렇게 죽어도 될 것 같다는 생각이 들었어요. 둘러봐도 아무 의미가 없었어요."

어머니를 잃은 뒤, J는 오랫동안 우울증을 앓았다. 제대로 작별하지 못한 채 남겨진 죄책감과 슬픔 때문이었다.

J는 어머니를 떠나보냈지만, 자신의 슬픔은 아직 보내지 못했다. 어쩌면 그 슬픔을 붙드는 것이, 어머니를 애도하는 그녀의 방식인지도 모른다. J의 슬픔을 마주할 때마다 사랑하는 이의 죽음을 어떻게 준비하고 맞이할 것인가, 그리고 그 준비가 서로에게 건네는 마지막 배려일 수 있다는 사실을 깨닫게 된다.

우리는 각자 다른 슬픔과 고통으로 부모를 떠나보낸다. 누군가는 사랑과 헌신을 받았고, 누군가는 결핍을 겪었다. 부모에게 받은 사랑의 형태, 기대와 무게, 말하지 못한 감정, 화해하지 못한 기억 – 그 모든 것들이 이별의 방식을 만든다. 어떤 이는 슬픔을 밀어두고 일상으로 도망치고, 어떤 이는 긴 시간을 들여 천천히 작별을 연습한다. 오랜 죄책감에 머무는 이도 있고, 침묵 속에서 부모를 조용히 가슴에 묻는 이도 있다. '사랑을 어떻게 주고받았는지'에 따라 남겨지는 감정의 지형은 다르다.

그러나 누구나 끝내는 부모와 헤어진다. 그리고 각자의 방식으로, 그 부재와 함께 살아간다. 사랑하는 순간, 이미 애도는 시작되었다고 데리다는 말했다. 태어난 그 순간부터 우리는 언젠가 무無로 돌아갈 운명이었으므로.

죽음보다 더 깊은 사랑

　　　　　　내가 처음으로 '존엄을 위한 죽음의 자기결정권'에 대해 생각하게 된 건, 20년 전 본 〈씨 인사이드〉라는 영화 때문이었다. 다이빙 사고로 전신마비가 된 라몬 삼페드로는 30년 넘게 침대에 누워 살아왔다. 그는 삶을 사랑하지만 타인의 손에 의해 유지되는 삶은 더 이상 자기 것이 아니라고 생각하며, 스페인 정부에 안락사를 청원한다.

　라몬 곁에는 그의 결정을 지지하는 사람, 설득하려는 사람, 받아들이지 못하는 가족이 있다. 죽음을 택한 그를 붙잡으려는 마음이 사랑인지, 두려움인지, 혹은 이기심인지 영화는 묻는다. 〈씨 인사이드〉는 안락사의 찬반을 넘어서, 한 번도 진지하게 생각해 본 적 없었던 '존엄'이라는 감정의 복합성을 마주하게 만든 영화였다. 그리고 나는, 그때 라몬의 결정이 존중받아야 한다고 느꼈던 기억이 난다.

친구 앙투안의 아버지는 프랑스에서 명망 있는 생물학자였다. 그는 앙투안이 어렸을 적에 아들 셋을 불러놓고 말했다고 한다.

"너희에게 꼭 해두고 싶은 말이 있다. 만약 우리가 탄배가 뒤집혀서 너희들과 엄마가 물에 빠진다면, 나는 엄마를 구할 거다."

그 말은 아홉 살 막내의 뇌리에 깊이 박혔다. 누군가에게는 위대한 사랑의 고백처럼 들렸겠지만, 막내에겐 차가운 물속에서 버려지는 자신의 모습이 평생 지워지지 않는 상처였다.

앙투안의 아버지는 평생 아내를 끔찍이 사랑했다. 일흔이 넘어서 아내는 중증 파킨슨병을 앓았다. 몸이 굳어갔고, 의식이 흐려졌다. 5년간의 가망 없는 치료를 끝낸 뒤, 병원에서는 더 이상 영양공급을 하지 않는 것이 인도적인 결정이라고 했다. 그는 아내를 집으로 데려왔다. 그리고 몰래, 아내에게 영양주사를 꽂았다. 아내는 의식이 없었지만, 생명을 연장하는 일이 끔찍한 고통이라는 건 모두 알고 있었다. 앙투안과 다른 형제들은 이제 어머니를 보내드려야 한다고 애원했지만 그는 듣지 않았다. 사랑하는 아내를 놓지 않기 위해서 잔혹했다. 연명주사는 2년간 계속되었다. 죽음보다 더 잔혹한 이기적인 사랑이었다.

한국에 있는 친구의 어머니가 심정지로 응급실에 실려 갔을 때, 의사는 뇌사 직전이라 심폐소생술은 가능하지만 가망이 없을 거라고 말했다. 어머니가 연명치료를 원하지 않는다는 걸 알기 때문에 자식들은 반대했지만, 아버지는 마지막까지 살려야 한다고 주장했다. 결국 어머니는 갈비뼈가 으스러진 채 돌아가셨다.

기록을 갱신하는 선수처럼 생명 연장에 몰두하는 병원, '생명 보호'라는 명분 아래 고통을 끝내려는 인간의 마지막 결심을 거부하는 시스템. 두 아버지의 집념은 그 구조를 비추는 거울 같았다.

스페인은 2021년, 조력사와 안락사를 합법화했다.

존엄의 무게

저녁, 거실에서 영화를 보고 있는데 올비의 핸드폰이 울린다. 늦은 시간에 걸려오는 전화는 대개 좋은 소식이 아니다. 액정에 '마망'이라는 글자가 뜬다. 올비는 핸드폰을 귀에 댄 채 어두운 표정으로 몸을 일으키며 다급하게 말한다.

"움직일 수 있어? 바로 갈게."

리모컨을 끄며 길게 한숨을 쉰다.

"거실에서 넘어졌는데, 몸을 일으킬 수 없대. 다친 데는 없는 것 같아."

시어머니 집은 올림픽 교통통제 구역 안에 있어, 차로 들어갈 수 있을지 확실하지 않다. 10여 분 거리를 운전하면서 불안한 생각이 꼬리를 문다. 이젠 혼자 두기 어려운 상황이다. 하지만 누가 그녀를 설득할 수 있을까. 집 근처 검문소에서 경찰이 차를 세우고 창문을 두드린다.

"노모가 쓰러졌어요."

올비가 말하자 경찰은 고개를 끄덕이며 들여보낸다. 문을 열고 거실로 들어가자마자, 바닥에 누워있는 그녀가 보인다. 올비가 얼른 뛰어가 시어머니를 조심스럽게 일으켜 세워 팔걸이의자에 앉힌다. 어두운 거실, 그녀는 마치 가구의 일부처럼 아무 말도 하지 않고 고개를 숙인 채 있다. 침묵이 흐른다. 올비가 침대까지 부축해 주겠다고 하자, 그녀는 차분하게 말한다.

"오늘은 그냥 여기서 잘 거다. 이제 됐으니, 빨리 가라."

우리에게 먼저 떠나라고 말한 건 처음이었다. 그 말은 더 이상 부축도, 말도, 동정도 받지 않겠다는, 마지막 힘으로 그어놓은 선처럼 들렸다.

올비가 다시 설득한다.

"여기서 어떻게 자냐고. 침대로 가는 거 내가 도와줄게."

그는 어머니를 잘 모른다. 지금 그녀는 스스로 몸을 일으킬 수 없다는 굴욕과 두려움, 그리고 이 모든 게 끝나기를 바라는 절망 속에 있다. 나는 그를 쿡 찌른다.

"아무 말 하지 마. 빨리 나가자."

돕는다는 건, 돕지 않는 법을 아는 일이기도 하다. 나는 그녀에게 다가가 이마에 입을 맞추고 손을 꼭 잡는다.

아파트 계단을 터벅터벅 내려오는데 입 안에 씁쓸한 맛

이 감돈다. 그녀는 바닥에 쓰러진 채 우리를 기다리며 무슨 생각을 했을까. 혼자 일으킬 수 없는 몸, 늙음이 이토록 가혹하다는 것, 아마 빨리 치욕이 끝나길 바랐을 것이다.

몇 년 전 아를레트와 함께 암 수술을 마친 시아버지를 병문안했던 날이 떠올랐다. 시아버지는 옷을 갈아입기 위해 침대에서 간신히 몸을 일으켰다. 병마에 초토화된 노인의 육체가 고스란히 드러났다. 균형을 잡지 못한 채 비틀거리며 옷을 갈아입는 남편을 바라보던 그녀 입에서 작은 소리가 새어나왔다.

"보고 싶지 않아…. 난 보고 싶지 않아…."

그녀에게 끔찍한 고통은 무너져가는 남편의 모습을 지켜보는 일이었다. 그 절규는 자신의 미래에 닥칠 운명을 목격한 사람의 비명 같았다. 오늘 저녁, 그녀는 그 두려움을 마주했을 것이다.

그녀의 결정은 초월이나 평화를 향한 것이 아니라, 무너지는 자신의 모습을 더는 감당할 수 없다는 두려움에서 비롯된 것일지 모른다. 그 두려움 앞에서 나는 무력하다. 그녀를 지켜줄 수 있는 유일한 방법은, 그녀의 결연함을 존중하는 일이라는 걸 안다.

죽음을 받아들이는 방식

어머니의 전화 목소리는 주저하고 조심스러 웠지만 눈치를 보다 결국 묻는다.

"그래, 너희 시어머니, 스위스에서 소식은 있니?"

"아직 없어."

"아이그 쯧쯧… 어쩌냐, 그 전에라도 얼른 돌아가시면 좋으련만."

어머니에게 생명은 주님에게 속한다. 생명을 허락하는 것도, 거두어가는 것도 오직 하나님의 뜻이다. 나는 어머니가 시어머니의 조력사 결정을 두고 신의 뜻을 설파하지 않는 것만으로도 다행이라고 생각한다.

어머니는 자주 말씀하신다.

"이 정도면 많이 산 거고, 더 이상 이 자리를 차지하고 있을 이유는 없는 것 같다."

어머니에게 팔십 넘은 노인의 죽음은 명예로운 졸업이다. 물론 어머니에게 그 졸업장을 주시는 건 하나님뿐이다. 20년 가까이 백혈병 치료약을 복용하며 암세포와 함께 사는 어머니는 지난겨울, 여든여섯의 나이에 혼자 비행기를 타고 파리에 오셨다. 크리스마스 파티에서 단비가 물었다.

"할머니 인생에서 가장 성공했다고 생각하는 게 뭐야?"

어머니는 뜻밖의 질문에 나를 잠시 바라보더니, 이내 갈 길을 찾은 듯 짧게 대답했다.

"건강."

단비가 말했다.

"와, 한 치의 주저함도 없다는 게 놀라워."

어머니는 한국에 돌아간 뒤 암 수치가 갑자기 높아져 병원에 재검사를 받으러 갔다. 그날 전화를 걸자, 가라앉은 목소리로 말씀하셨다.

"뭐가 걱정이니. 죽기 전에 프랑스에 다시 한 번 가보는 게 소원이었다. 그렇게 기도했지. 잘 다녀왔고, 이젠 아쉬운 게 없다."

삶은 예상대로 흘러가지 않는다. 어머니의 삶도 그렇다. 아쉬운 것을 나열하라면 책을 써도 모자라겠지만, 나는 그 말이 진심이라는 걸 안다. 어쩔 수 없는 것을 내려놓고 나면, 아등바등할 것이 별로 없다. 어머니는 기도를 통해 그 평온함을 찾았다.

어머니가 말했다.

"너무 걱정하지 마라."

너무 죽음을 두려워하지 말라는 뜻처럼 들린다.

"걱정 안 해."

내가 대답했다.

죽음을 어떻게 맞이할 것인가는, 그 결정을 누가 하느냐보다 어떻게 평온하게 받아들이느냐의 문제다. 죽음은 삶의 반대가 아니라, 삶의 또 다른 그림자다. 언제든 찾아올 수 있는 손님을 맞이하듯, 우리는 죽음을 준비하며 살아야 한다. 지그문트 바우만의 사상을 빌리자면, 죽음을 받아들이는 일은 '죽음의 가시에서 독을 빼는 일'과 같다.

죽음을 받아들이는 방식은 결국, 자신이 살아온 삶의 태도와 닮아있다. 신의 뜻에 순응하든, 자기 결정을 통해 이르든. 문제는 어떤 선택이 옳은가가 아니라, 존엄을 지키며 끝까지 자기 삶의 주인이 될 수 있는가이다. 철학자가 아니어도, 우리는 자기 삶의 언어로 죽음을 준비할 수 있다.

기다림이라는 모순

sam.

"나다."

아를레트였다. 그녀는 늘 그렇듯 간결하다.

나는 '코멍 사 바$^{Comment\ ça\ va}$?'라는 프랑스식 안부 인사를 삼킨다. 마지막을 기다리는 사람에게 "어때?"라고 묻는 일은, 어느 언어로도 어색하다. 대신 묻는다.

"잠은 좀 잤니?"

"늘 그렇지, 뭐."

창밖, 미풍에 흔들리는 정원 아카시아 나무를 바라보며 그녀의 목소리를 듣는다. 아를레트는 무료한 시간을 수다로 견디는 데 별 재능이 없다. 다행히 오늘은 비교적 맑은 목소리다.

"이번 주는 덥지 않을 것 같아. 아파트는 괜찮지?"

"응, 그리 덥지 않아."

나는 그녀의 목소리를 분석한다. 혹시 스위스에서 연

락이 오지 않았을까 하는 마음으로 전화를 건 걸까. 문득, 전해줄 소식이 없다는 사실이 미안해진다. 살아있지만 이미 반쯤 죽음에 발을 담근 채, 불확실한 끝을 가늠할 수 없는 고통스러운 공백이다. 나는 위로할 말조차 없다.

"목요일에 갈게."

한 달 반 전, 스위스협회로부터 '집행을 희망하는 시기를 알려주십시오'라는 메일을 받았다. 올비는 '어머니는 가능한 빠르게 집행되기를 원합니다'라고 답장을 보냈다. 그리고, 아무 소식도 없다. 하루하루는 '죽음의 날짜'를 승인받아야 하는 이상한 기다림이 된다. 그녀에게 이 시간이 얼마나 고통스러울까. 죽음을 계획하는 일도, 그 시간을 견디는 일도 낯설고 불안하다.

올비는 여름휴가 때문일 거라고 말을 흐리지만, 시간이 흐를수록 의심이 고개를 든다. 어떤 날은 내가 대신 죽음을 신청한 것 같고, 어떤 날은 우리가 집단적으로 사기를 당한 게 아닐까 하는 불안이 밀려든다. 서류상의 이유든, 행정의 공백이든…, 어떤 추측도 이 시한 없는 유예상태를 안심시키지 못한다.

죽음을 승인받지 못한 채 하루를 살아내야 한다는 것. 이 부조리한 기다림의 끝에 '죽음'이 놓여있다는 사실이, 더 가혹한 모순이다.

자신과의 관계를 정리하는 일

　　　　집착처럼 정리를 하는 친구가 있다. 며칠 전
엔 그 친구가 우울한 목소리로 말했다.
　"이걸 다 정리하지 않고 어떻게 인생을 떠나겠어."
　내가 말했다.
　"알아? 떠나는 사람들에겐 이런 물건들, 눈에 들어오
지도 않아."
　친구는 내 말에 깜짝 놀라더니 허탈하게 웃었다. 웃음
끝에 울음이 섞인다. 인간의 절망이 거기까지 이를 수 있
다는 사실이, 아프게 느껴졌나 보다.
　떠나겠다는 결심을 했지만, 아를레트는 주변을 정리하
지 않는다. 거실 벽의 괘종시계처럼, 멈춘 채 그대로 내버
려둔다. '정리'조차 삶을 향한 의지일지 모른다. 그녀는 이
미 이곳이 더는 자신에게 속하지 않는 세계라는 걸 받아
들인 사람처럼 보인다.

나는 터널처럼 막히고 무기력한 기분에서 도망치듯 차고로 내려간다. 지하차고는 자동차 대신 잡동사니가 쌓여있다. 지나간 시간이 층층이 퇴적된 이곳은, 가차 없이 버려지기 전의 물건들이 잠시 머무는 애착 보관소다. 차고 문을 열 때마다 생각한다. 20년 전 이곳을 전부 비우고 렌트를 줬더라면 지금쯤 자동차 한 대쯤은 마련했겠지. 집착과 애착에도 보관료가 든다.

일본에 '단사리'라는 말이 있다. 단断, 들이지 않고, 사捨, 버리고, 리離, 집착에서 벗어나는 것. 물건을 비우는 일은 결국 자신과의 관계를 정리하는 일이다. 그렇게 조금씩 나를 덜어내면 마음이 가벼워진다. 하지만 이곳에서도 살아남는 것들이 있다. 아이들의 그림, 카드(귀퉁이에 '엄마가 세상에서 제일 예뻐'라고 쓰여있다), 앨범에 들지 못한 사진들, 낡은 일기장, 크리스마스 캐럴이 담긴 카세트테이프, 자루에 담긴 헝겊 인형들.

구석에서 무심코 집어든 비닐봉투 안엔, 아이가 서너 살 때 신던 헝겊 실내화가 들어있었다. 손끝에 닿은 감촉에서 생물처럼 부드러운 시간이 느껴지는 바람에, 놀라 얼른 다시 봉투를 닫았다. 어떤 물건은 기억이 가진 물성 그대로다. 차고 문을 닫으며 생각한다. 지금 내 인생은 몇 시쯤일까. 죽음은 막연한, 언젠가의 사건이 아니다. 매일 조금씩 다가오는 현실이다. 내가 살아온 시간을 다른 사람에게 넘기지 않으려면, 이 창고도 언젠가는 비워야 한다.

살아온 시간과 헤어지는 일조차 이렇게 어려운데, 사랑하는 존재를 두고 떠나는 일은 얼마나 더 큰 고통일까. 그래서 아를레트는 정리하지 않는 쪽을 택한 건지도 모른다. 무관심처럼 보이는 침묵, 일상이라는 습관, 그 안에 고통을 숨기는 것이 그녀에겐 가장 덜 아픈 방식일 것이다.

거미 여인

 욕실에서 이를 닦다 고개를 들었을 때, 조명 거울 안쪽에서 무언가가 꿈틀거렸다. 거미였다. 거미 공포는 없지만, 이건 달랐다. 물리면 죽을지도 모른다는 생각이 들 만큼 크고 위압적이다.

 어떻게 들어갔을까. 거울 내부, 밀폐된 공간 속에서 거미는 빙글빙글 돌며 출구를 찾고 있었다. 다급하게 올비를 불렀다. 그는 신기한 듯 핸드폰을 꺼내 촬영을 시작한다. 나는 혹시 거미가 틈새를 비집고 나올까 봐 초조하다.

 "어떻게 좀 해봐. 저렇게 큰 거미가 활보하는데 어떻게 편히 자겠어."

 "이 거울, 어떻게 달려있어?"

 "벽걸이형이야."

 "그럼 내가 거울을 떼어볼까?"

 하지만 거울을 벽에서 들어내는 건 쉽지 않았다. 전선

이 연결되어 있었고, 무엇보다 거미는 다리가 길어 움직이는 속도가 생각보다 빨라 금세 도망칠 것 같았다. 틈새로 들어갔으니, 틈새로 나올 수도 있다. 하지만 나올 길이 없다면? 굶어 죽을 것이다. 그때 시체를 꺼내어 버리면 된다. 나는 거울의 사방을 테이프로 밀봉해버렸다. '거미 여인'은 그렇게 거울 속에 갇혔다.

1미터 남짓한 흐릿한 반투명 유리 안쪽에 갇힌 채, 시계 바늘처럼 가장자리를 돈다. 어느 날은 세 시 방향에서 멈춰있고, 어떤 날은 안 보여 찾아보면 구석에 웅크린 채 휴식을 취하고 있다. 그녀는 밤이고 낮이고 탈출할 틈을 찾아 움직인다. 시계 분침보다 조금 빠르게, 천천히 움직인다.

사흘이면 굶어 죽을 줄 알았는데 거미는 2주를 넘기고 있다. 욕실에서 이를 닦을 때마다 습관처럼 그녀를 찾는다. 어떤 날 거미 여인은 내 눈높이에 있다. 반투명 유리 너머, 희미한 실루엣으로 얼기설기 거미줄을 쳐놓은 것이 보였다. 손가락으로 유리를 가볍게 두드렸다. 그러자, 화답하듯 그녀는 다리 하나를 살짝 들어 올렸다. 톡, 톡. 우리는 그렇게 서로에게 신호를 보낸다. 그리고 다시 출구를 찾고 있는 그녀의 무의미한 움직임을 따라간다.

거울 속에 갇혀 허공을 더듬는 존재. 고립된 채 탈출을 모색하는 인간의 삶. 출구는 죽음에 다다를 때에야 찾아진다. 하지만 그녀는 기어오르고, 방향을 바꾸고, 다시 기어오른다.

살아있는 생명은 '포기'를 배우지 못한다.
단지 갇힌 채 죽기를 원하지 않는 본능만 있다.

시골집 추억

아침 식탁에서 현비가 빵을 먹다 말한다.
"어제 시골집 꿈을 꿨어. 가족들이 다 모여있었어."
"그래?"
"어떤 날은 할아버지, 할머니만 나와. 엄마 알아? 나, 거의 일주일에 두 번은 시골집 꿈을 꿔."
아이는 혼잣말처럼 중얼거린다.
"난 그곳이 좋아. 테라스의 따뜻한 햇살도, 빨간 체크 무늬 테이블보도, 리처드네 집에서 들리던 개 짖는 소리도…."

어린 현비에게 최고의 휴가는 시골집에서 보내는 여름이었다. 개구리 연못까지 이어지는 오솔길, 그 주변의 무성한 고사리와 풀잎 사이로 번지던 향긋한 내음. 발소리에 놀라 퐁당 뛰어드는 개구리 소리를 듣고 싶어 몰래 연못가에 숨곤 했다. 올망졸망한 산책로 위에서 아이들은 가장 빛났다.

    시골집은 내게 시아버지 그 자체였다. 누군가 사라진 장소는 부재의 사실을 매 순간 되새기게 만든다. 시아버지가 세상을 떠난 후, 우린 그 집을 찾지 않는다. 시어머니는 시골집이 가족의 유산으로 이어지길 바라지만, 오래전부터 올비는 그 집을 차지하고 싶어 하는 여동생과 실랑이할 마음이 없다.

    "할머니는 엄마 아빠가 시골집에 가지 않는 걸 아쉬워해. 그래서 나는 할머니에게 시골집 이야기를 자주 해드려. 그걸 기뻐하시는 걸 알아."

    내가 조심스럽게 묻는다.

    "넌 할머니 결정을 어떻게 생각하니?"

    "슬퍼."

    잠시 멈춘 뒤, 현비가 말을 이었다.

    "하지만 그 결정은, 오직 할머니에게만 속한 거야."

    시어머니가 고통을 자기 몫으로 끌어안는 것처럼, 현비도 슬픔을 자기 몫으로 받아들인다. 그리고 누구도 타인의 고통을 대신할 수 없다는 걸, 죽음의 권리 또한 철저히 각자의 몫이라는 걸 아는 것 같다.

    "할머니가 돌아가시면, 이제 시골집엔 다시 가지 않겠지."

내 말에 현비가 고개를 끄덕인다.

"나도 알아. 그럼 뭐, 꿈에서 가면 되지."

맞다. 애도는 사라진 존재의 흔적을 조용히 가슴 안쪽에 접어두고 찾아가는 일이다. 비록, 꿈이라도.

시간의 멜랑콜리

　　마레에서 아네스를 만나고 돌아오는 길, 쇼윈도에 걸린 스웨터의 파스텔 색감에 끌려 부티크 문을 민다. 상점 안에 손님은 많지 않다. 감촉이 부드러운 초록색 스웨터를 들고 피팅룸으로 들어간다. 안쪽에는 거울이 없어 할 수 없이 피팅룸 바깥으로 나와 큰 거울 앞에서 이리저리 비춰보는데 바로 내 옆에 선 노부인의 시선이 느껴진다. 거울 안에서 노부인과 시선이 교차되었을 때 그녀가 말했다.

　　"스웨터가 참 잘 어울리네요."

　　내가 좀 머쓱한 기분으로 대꾸했다.

　　"메르시."

　　노부인은 다시 거울 속 자신에게 눈길을 돌리더니, 혼잣말처럼 중얼거린다.

　　"젊음이 부러워. 아… 난 늙는 게 싫어요."

마치 벗어날 수 없는 덫에 걸렸다는 듯 고개를 가로 흔든다. 은은하게 물든 머리카락, 정돈된 옷맵시와 꼿꼿한 자세의 노부인을 쳐다보며 내가 위로하듯 말을 건넨다.

"당신은 우아해요."

그녀는 그저 엷은 미소를 짓는다.

나는 마음속으로 중얼거린다.

'하지만, 우린 모두 같은 곳으로 떠밀려 간다네…'

살아있는 내내, 우린 '과거' 혹은 '젊음'을 기준으로 비교한다. 죽음은 병원 침대나 장례식장에서만 실감나는 일이 아니다. 훨씬 은밀하고 사적인 감각이다. 거울 앞에서, 피부에서 시작된다. 늙음에 관한 모든 두려움은 죽음과 연결되어 있다. 육체적 문제들이 얼마든지 수정 가능하다는 전지적 환상이 깨지는 순간, 우리는 늙음을 이해하게 된다. 만약 '미래', 그리고 '늙음'을 기준으로 산다면, 매일 조금씩 쇠락하는 느낌을 더 잘 견딜 수 있을까.

반대쪽에서는 삼십대쯤 되어 보이는 여자가 옷을 입으며 거울을 비춰보고 있다. 그녀는 우리 둘의 대화 따위는 관심도 없다. 팔꿈치와 무릎이 지니고 있는 싱싱함을 자각하지 못한, 무심함이라는 특권을 누렸던 젊음, 우리가 지나온 시간이다. 어느 날 그녀도 짧은 반바지가 어색해지고, 몸속에서 모래시계가 한 알씩 떨어지고 있는 걸 느끼게 될 것이다. 모래는 무겁지도, 아프지도 않지만 되돌릴 수 없다는 자각이다.

스웨터를 포장해서 거리로 나온다. 아스팔트 위로 반사된 햇살이 어찌나 눈부신지, 잠시 거리 풍경을 삼킨다. 마지막을 기다리면서 이 '시간'을 살아가는 아를레트, 우리 역시 떠나온 시간 여행에서 '지금'밖에 살 수 없다. 종착지를 자각하는 존재는 시간의 향수를 간직하면서 조금 더 명징하게 그 '빛'을 껴안는 것뿐이다.

벨 메르, 벨 피

아를레트에게 카나리아 섬에 가자고 제안한 건, 친구와 테네리프 여행을 다녀온 직후였다.

"햇살이 얼마나 좋은 줄 알아? 가서 그냥, 아무것도 안 해도 돼."

난 아를레트가 평소처럼 "글쎄다"라고 말할 줄 알았다. 그런데 그녀는 내 눈을 가만히 들여다보며 말했다.

"그게 가능할까."

테네리프 섬의 아파트 렌트를 알아보던 중, 그녀는 바람이 많이 부는 날 병원을 나와 건널목에서 신호를 기다리다 날아갔다. 얇은 종잇장처럼. 내가 응급실에 도착했을 때, 그녀는 고통을 참으며 말했다.

"아무래도 망한 것 같아."

카나리아로 떠나는 비행기 대신, 그녀는 수술대에 올랐다. 그리고 병원에서 석 달을 보냈다. 그녀의 예감은 쓸데없는 불안이 아니었다. 고관절 골절은 단순한 부상이 아니라, 존재의 전환이었다.

그녀를 본다. 걷는 건 버겁고, 듣는 건 희미하고, 보는 건 어둠이다. 햇살이 내려도 따뜻하지 않고, 밤이 와도 잠은 오지 않는다. 과거를 품고 있는 공간에서 그녀는 현재를 조금씩 잃어간다. 하루는 한 달 같고, 밤은 길고, 새벽은 더 멀다.

나는 스위스로 떠나기 전에 뭔가 특별한 걸 해봐야 하지 않을까 자꾸만 궁리하게 된다.

"우리, 미슐랭 식당 같은 데 가는 건 어때?"

그녀는 고개를 저었다.

"글쎄다. 남들 앞에서 음식 흘리면서 먹는 모습을 보이는 건 좀…"

그녀의 거절은 언제나 단호하지 않다. 오래된 집 열쇠처럼, 헐겁다. 문이 곧 열릴 거라는 희망에 또 묻는다.

"그럼, 잠깐이라도 우리 집에서 지내보는 건 어때?"

"너 아니? 나한텐 익숙한 공간이 더 나아."

그녀는 고통을 드러내지 않는다. 쓸모없는 안경을 목에 걸고, 마치 전과 다름없는 사람처럼 산다. 나는 그녀의 속임수에 자주 넘어간다. 아니, 어쩌면 속아주고 싶은지도 모른다.

하지만 이제 그녀는 마르쉐에 가서 멜론을 고를 수도, 책장 냄새를 맡으며 책을 읽을 수도 없다. 머리를 손질하러 미장원에 갈 수도 없다. 감각은 상실되고, 삶은 해상도를 잃었다. 아무도 그녀의 눈이나 다리가 되어줄 수 없다. 느낄 수 있어도, 함께 살아낼 수는 없는 고통이다.

내가 103세에 피아노 음반을 낸 노파 이야기를 들려줬더니 그녀는 웃는다.

"세상에…."

"늙는 건 슬픈 일이지만… 그래도 사는 동안엔 웃는 거지."

나는 새우 껍질을 까서 접시에 놓아주며 묻는다.

"내 얼굴, 잘 안 보이지?"

"응, 실루엣만 보여."

"그럼… 내가 늙는 것도 안 보이겠네."

그녀가 웃는다.

"그럼… 난 젊고 아름다운 모습으로만 기억되겠네?"

"물론이지. 난 모두에게 자랑해. 내 며느리(벨 피, Belle-fille)는 훌륭하다고."

며느리 농담을 칭찬으로 돌려주는 그녀. 단어 그대로 — 나에게는 '아름다운 어머니(벨 메르, Belle-mère)'이다.

사라지지 않는 맛

　　현비가 중학생이던 시절, 매주 수요일 점심이면 시아버지가 학교로 데리러 갔다. 시어머니는 현비가 좋아하는 음식을 준비했고, 세 사람은 함께 식사한 뒤 아이는 다시 학교로 돌아갔다. 고등학교에 들어가면서 그 의식이 끝났다는 걸 알게 된 어느 날, 두 분은 반려견을 잃은 사람처럼 슬퍼했다. 그땐, 그 일이 그렇게 상심할 일인가 싶었다.

　며칠 전, 아를레트는 인생에서 가장 힘들었던 건 자식 둘이 집을 떠났던 시기였다고 말했다. 자식, 애완견, 손주 ― 돌봄의 대상이 하나씩 사라지고 나면, 늙음과 병, 그리고 침묵이라는 벽에 갇히게 된다. 친구도 취미도 없이 오직 가족뿐이었던 두 분에게, 핵가족 체계 밖으로 밀려난 고립은 더욱 깊고 무거웠을 것이다. 이제 와서야 나는, 그들이 왜 그렇게 상심했는지 이해하게 된다.

오래전부터 나는 남편에게 종종 말했다.

"부모님 저녁 약속 없는 거 알잖아. 무슨 날이라고 해서 초대하지 말고, 그냥 수저 하나 더 놓고 저녁이나 같이 먹자고 하자."

그는 내 말에 몇 번 응하긴 했지만, 마치 입에 맞지 않는 음식을 삼키듯 어색해했다.

시어머니가 재활병원에 계신 세 달 동안, 안느가 어머니를 챙긴 건 슈퍼에서 산 탄산수 몇 병이 전부였다. 어떻게 눈이 거의 보이지 않는 어머니의 끼니 한 번 챙기지 않을 수 있을까. 자식에게 헌신적이었던 시부모님을 떠올리면, 그 무심함은 더욱 의아했다. "밥은 먹었냐?"가 가장 친근한 안부인 곳에서 자란 나에게, 그런 태도는 문화적 차이라 애써 이해하려 해도 정서적 충격에 가까웠다.

우리 집에서 끼니는 돌봄의 최소 단위다. 단비는 가끔 불쑥 전화해 묻는다.

"점심 먹으러 가도 돼?"

올비는 늘 계획에 없던 상황에 어색해하지만, 딸의 방문이 싫지는 않아 보인다. 단비가 집을 떠날 때마다 나는 묻는다.

"김치 남았니?"

이 한마디가 '챙겨주는 마음'의 가장 일상적인 표현 같다. 시어머니 냉장고에도 작은 피클병에 담긴 김치가 늘 있다. 아를레트는 김치를 좋아하고, 거의 성스러운 음식처럼 여긴다. 많은 유럽인에게 김치는 건강식으로 통한다. 맞다. 김치는 타인을 위한 시간과 정성, 나누고자 하는 마음으로 발효되는 음식이다.

어릴 적, 어머니는 김장을 할 때 내게 간을 보게 하셨다. 한 번도 배운 적 없는 내 김치가 어머니 김치와 비슷한 이유일 것이다. 익숙함은 기준이 되고, 기준은 습관이 된다. 나는 아직도 어머니의 총각김치보다 맛있는 걸 먹어본 적이 없다. 아삭거리는 식감, 혀끝을 톡 쏘는 산뜻함. 황혼 이혼 후, 아버지가 가장 그리워했던 것도 어머니의 김치 맛이었다. 어머니는 지금도 김치를 담가 자식들에게 나눠주신다.

나는 "어떻게 노모에게 김치를 받아먹냐"며 핀잔을 하지만, 김치를 담아 보내고 끼니를 챙기는 일이야말로 어머니가 사랑을 전하는 유일하고도 익숙한 방식이라는 걸 안다. 지난겨울, 어머니가 우리 집에 오셨을 때 김치 담그는 모습을 처음으로 자세히 지켜봤다. 어머니는 "김치는 손맛이야"라고 하시며 빨간 양념을 손으로 쓱쓱 버무리셨다.

나는 어머니의 김치에 감탄사를 연발했지만, 아이들과

올비는 내 김치가 더 맛있다고 잘라 말했다. 시간에 길들여진 입맛은 말로는 설득되지 않는다. 어머니가 한국으로 돌아간 뒤, 내 김치의 아삭함은 완벽한 경지에 이른다. 그건 유산을 물려받은 것 이상의 자긍심이었다. 요리는 살아가는 방식이 담긴다. 요컨대 단정한 맛엔 절제가 있다. 양파 반의 반쪽이 많아서 남기는 습관 – 그건 어머니와 나, 둘 다 똑같다.

'김치 바이러스'에 감염된 현비의 여자친구 로라가 호주로 박사 과정을 하러 떠나기 전, 김치 담그는 법을 알려줬다. 과학도인 로라는 꼼꼼히 메모했다. 나는 김치를 버무리며 한국의 '김장' 문화를 설명해줬다. 그러다 친구에게 들은 이야기를 들려줬다.

"독일에 사는 친구 지인이 교외에 작은 집을 샀는데, 드디어 꿈에 그리던 김장을 할 수 있게 된 거야. 정원에 땅을 파고 항아리를 묻어 김치를 저장했대. 근데 어느 날 외출하고 돌아와 보니, 경찰들이 집 앞에 쫙 깔려있고, 범죄현장 접근금지 테이프까지 처져있던 거야."

내가 웃음을 간신히 참고 말한다.

"삽을 든 사람이 시뻘건 무언가를 땅에 묻는 걸 본 이웃이 연쇄살인범인 줄 알고 경찰에 신고했대."

로라는 믿을 수 없다는 듯 웃으며 말했다.

"… 근데 너무 독일인답다."

로가가 떠나고 한참 후, 호주에서 김치 사진이 도착했다. 나의 어머니의 기운이 면면히 흐르는 듯한, 먹음직스러운 포기김치였다. 삶은 그다지 허무하지 않다. 우리는 덧없이 사라지는 존재가 아니다.

의존이라는 권력

로즈의 시어머니가 루게릭병을 앓기 시작한 지 7년째다. 몸은 완전히 굳어 전혀 움직일 수 없지만, 정신은 또렷하다. 그녀를 돌보는 건 남편, 로즈의 시아버지다. 한때 야심찬 사업가였지만 지금은 아내의 손발이 되었다. 음식을 곱게 갈아 먹이고, 화장실에 업어 데려다주고, 책을 읽어주고, 아이 다루듯 돌본다. 밤중에도 몇 번씩 깨 그녀의 기침 소리에 귀를 기울이고, 체온을 확인한다.

하지만 일흔여섯의 몸으로 아내를 옮기고 밤마다 일어나는 일은 점점 더 힘에 부친다. 일주일이라도 쉬고 싶지만, 그는 차마 그 말을 꺼내지 못한다. 일 년 전 조심스럽게 입원을 제안했을 때, 불같이 화를 냈던 아내의 표정을 잊지 못하기 때문이다.

그녀는 침대에 누운 채로 종일 텔레비전을 본다. 그녀는 굉장한 기억력을 가졌다. 모든 것을 기억한다. 뉴스에 나온 정치인의 추문, 손녀 결혼식에 초대된 하객 리스트, 그리고 20년 전 남편이 다른 여자와 함께 떠났던 일까지. 두 번 모두 같은 여자였다. 하지만 그녀는 떠나지 않았다. 남편을 기다렸고, 결국 그는 돌아왔다. 남편을 다시 돌아오게 만든 것이 사랑이었는지, 책임감이었는지 아무도 모른다. 다만 그때부터 그녀가 질투와 함께 살기 시작했다는 것만은 분명하다.

로즈가 시아버지와 장을 보고 돌아오면, 그녀는 어김없이 로즈를 불러 꼬치꼬치 묻는다.

"그래, 오늘 디저트는 어디서 샀니?"

"광장에 있던 단골 빵집이 문을 닫아서, 우체국 옆 가게에서 샀어요."

그녀는 코웃음을 친다.

"칫, 내 그럴 줄 알았다. 자기 여자친구 보러 거기까지 간 거야. 한심한 인간. 정말이지, 그 집 타르트는 입에 삼키기도 힘들 정도야."

그리고 종일, 가족들에게 그 타르트 맛이 얼마나 끔찍한지 불평한다. 손가락 하나 까딱할 수 없는 그녀가 유일하게 활력을 띠는 순간이다. 그렇게 7년의 병상에서, 놀랍게도 그녀는 우울한 기색을 보인 적이 없다.

로즈는 말한다.

"시어머니는 남편이 이제 결코 자신을 떠날 수 없는 걸 알고 오히려 안심하는 것처럼 보여."

누군가에게 의존은 치욕일 수 있지만, 잃었던 존재감을 되찾는 사람도 있다.

로즈는 덧붙인다.

"시어머니는 이 병의 기대수명을 훌쩍 넘겼어. 남편도 알아. 어머니를 이 생에 단단히 붙들게 만드는 건, 바로 질투심이라고."

사랑이 떠난 자리에 질투가, 마비된 육체엔 의존이 자리 잡는다. 그 의존을 통해 잃었던 중심을 되찾은 그녀는, '너는 나를 떠났지만 나는 너 없이 존재하지 않겠다'는 역설적인 방식으로 자신을 증명한다. 대체될 수 없는 단 하나의 존재로 남고자 하는 마지막 욕망. 바로 그 욕망이, 오늘도 그녀를 살아있게 만든다.

시간의 맛

"할머니가 엄마 마카롱이 너무 맛있대. 속에 넣은 크림이 뭐냐고 두 번이나 물었어."

현비가 할머니 집에서 돌아와 품평을 전한다.

"그리고 참, 생선 테린은 맛있었는데, 젤라틴이 조금 많았던 것 같대."

"다음에 할 땐 조금 줄여보지 뭐."

그 말은 가볍게 흘러나왔지만, 그 '다음'엔 그녀가 없을 거라는 생각이 들자 갑자기 허전한 슬픔이 느껴진다.

해마다 가족 크리스마스 식탁에는 생굴과 훈제 연어, 차가운 해산물 사이로 아를레트가 만든 따뜻한 테린이 나왔다. 흰살 생선과 연어가 겹겹이 놓이고, 사이사이엔 쑥갓과 딜이 은은하게 스며있었다. 생선의 담백함과 허브의 향이 잘 어우러진다. 생선 테린은 아를레트가 만든 마요네즈가 곁들여져야 비로소 완성된다. 이 집안에서 시판

마요네즈는, 게으름에 굴복한 부끄러움처럼 여겨졌다.

아를레트의 레시피는 단출하지만 실수 없는 정교함이 있었다. 여행에서 다리품을 팔아야만 보이는 풍경이 있듯, 요리도 시간을 들여야만 빚어지는 맛이 있다. 그 차이를 아는 건, 효율성만으로는 판단할 수 없는 가치를 터득하는 일이다.

나는 그녀가 없을 식탁을 준비한다. 기억의 맛을 되살리고, 그녀의 삶을 조용히 불러온다. 이런 요리는 단순한 재연이 아니라, 부재를 맞이하고 받아들이는 제의祭儀다. 사라진 이와 공존할 마음의 자리를 만들어가는 시간이다.

테린을 만들며 깨닫는다. 정작 중요한 건 레시피를 그대로 따르는 게 아니라, 그 안에 깃든 시간과 함께했던 순간들을 따라가는 일이라는 걸. 재료를 겹겹이 쌓고, 하루를 식혀야 비로소 완성되는 음식. 단정한 맛에는 순서가 있고, 기다림이 있다. 그녀의 요리를 따라 하며 알게 된 것이 있다면, 시간을 아끼면 결국 아낀 시간만 남는다는 것. 그건 요리의 원칙이자, 삶의 원칙이기도 하다.

아름다운 거리

　　　　창가에 앉아 바람에 살랑거리는 아카시아 나무와 파란 하늘을 본다. 이런 날씨를 어딘가에 보관해 둘 수 있다면 얼마나 좋을까. 이 황홀한 8월을 위해, 축축한 1년을 견디며 살아가는 기분이다.

　마르쉐를 가려는데 렌에 사는 선배가 전화를 했다. 요즘, 우리 대화의 절반은 부모님 안부다. 그녀가 한국에 계신 노모에게 시어머니의 조력사 결정을 무심코 전했는데, 어머니가 불같이 화를 내셨다고 했다. 예상치 못한 반응에 선배는 적잖이 당황한 눈치였다. 삶의 의지와 본능이 지극히 당연한 아흔일곱의 노모에게, '죽음을 스스로 선택한다'는 건 존재 자체를 부정하는 모욕이었을 것이다. 누군가에겐 존엄을 되찾는 길이 누군가에게는 생의 미덕을 거스르는 불경이 된다.

　몇 해 전만 해도, 아들 집에 살면서 며느리로부터 완벽한 돌봄을 받는 선배의 어머니를 두고 '전생에 나라를 구한 분'이라며 웃곤 했다. 해가 바뀔수록 웃음은 막막한 한숨으로 변한다. 눈이 거의 보이지 않는 노모를 휠체어에 태워 일주일에 세 번 병원에 모시고 가 신장투석을 받게 하고, 까다로운 입맛에 맞춘 세 끼 식사를 챙기는 일은 몸무게가 40킬로그램도 채 되지 않는 일흔의 며느리 몫이다.

노모는 완전히 의존적임에도 불구하고, 간만에 떠나는 아들 부부의 주말여행에 당연하듯 앞장서고, 집안일 하나하나 간섭하며 중심에 있으려 한다. 선배에게 그런 노모는 점점, 며느리의 희생을 당연히 여기는 뻔뻔한 폭군처럼 보인다. 그토록 말하던 '자식 사랑'조차, 결국은 어머니 자신을 향한 욕망이었을까 의심하기 시작한다.

우리는 늙어가는 부모의 모습에, 어쩔 수 없이 자신의 미래를 투사하게 된다.

'나라면⋯ 어떻게 늙고, 어떻게 의존할 것인가.'

설령 '존중'과 '돌봄'이 아름다운 가치일지라도, 누군가 자기 세계를 완전히 포기하는 희생까지 미덕으로 강요할 수 있을까.

선배가 말했다.

"자기 시어머니는 정말 대단하신 분 같아요."

나는, 그녀가 차마 말하지 못한 여운을 읽는다.

마르쉐에 가는 길, 맞은편에서 등이 90도로 굽은 노인이 땅만 바라본 채 천천히 걸어온다. 통통 부은 종아리와 어정거리는 발걸음, 마치 시간의 침전물이 움직이는 듯한 모습에서 눈을 뗄 수 없다. 문득, 잘 늙는 일은 결코 운에만 달린 것이 아니라는 생각이 든다.

마르쉐 과일 가게, 갓 수확한 미라벨이 보인다.

"타르트용이죠?"

"네, 눈썰미 좋으시네요, 마담."

상인은 웃으며 미라벨을 담아준다. 진열대 한쪽에서 멜론을 보자 지난주, 아를레트가 가사도우미에게 멜론을 사오게 했는데 맛이 형편없어 실망했다고 말했던 기억이 난다. 거동이 힘들어지면 삶은 주어가 아닌 목적어로 변한다.

"멜론도 하나 골라 주세요. 일요일에 먹을 거예요."

사실 내가 아는 멜론을 고르는 가장 현명한 방법은 믿을만한 상인에게 골라달라고 책임을 맡기는 것이다.

"일요일 몇 시요?"

청년의 너스레에 내가 웃으며 대꾸한다.

"오후 여섯 시요. 시어머니 드릴 거예요."

그는 의사가 환자를 진단하듯, 진지한 표정으로 멜론들을 만져보다가 하나를 골라 내밀며 말한다.

"당신 벨 메르에게 전해주세요. 좋은 벨 피를 두셨다고요."

프랑스어에서 시어머니와 며느리에 'belle', '아름다운'이라는 형용사를 붙여놓은 건 흥미롭다. 어느 관계든 '아름다움'이 수식어로 붙으려면, 서로를 이해하는 공감만큼이나 존중의 거리가 필요하다.

멜론을 담으며 문득 생각한다. 아. 벨 메르가 떠나면, 벨 피라는 말도 함께 사라지겠구나.

나는 그러지 않는 편이 좋겠습니다

"엄마는 안느가 뭘 해도 마음에 안 드는 모양이야."

느닷없이 올비가 말했다. 나는 아무 대꾸를 하지 않는다. 두 달 만에 시골집에서 올라온 안느가 어머니에 대한 불만을 오빠에게 털어놓은 모양이다. 나는 속으로 중얼거린다. '시어머니가 오죽하셨으면….'

몇 년 전, 시아버지의 장례식이 끝난 날이었다. 레스토랑에서 주문을 막 하려던 순간, 아를레트가 코피를 쏟았다. 항응고제 심장약 때문에 자주 있는 일이다. 옆 좌석에 앉았던 안느가 시어머니를 부축해 화장실로 데리고 나갔다. 그런데 아무리 기다려도 돌아오지 않길래, 무슨 일인가 싶어 화장실로 따라가 봤다.

아를레트는 허리를 굽힌 채 세면대에 코피를 쏟고 있

었고, 세면대는 완전히 피범벅이었다. 그 옆에서 안느는 코피가 멈추지 않는 게 성가시기라도 한 듯한 표정으로 팔짱을 낀 채 서있었다. 난 그때 정서적으로 공감이 완전히 단절된 사람을 보는 것 같았다. 우린 왜 이런 순간, 분노하는 걸까. 얼른 휴지를 감아 아를레트의 고개를 들추고 코를 지압하며 말했다.

"몇 번이나 말했어. 코피가 나면 이렇게 그냥 있으면 안 된다고."

내가 화를 낸 건 아를레트에게가 아니었다는 걸 안느도 알았을 것이다. 저녁 식사 내내 안느는 굳은 표정으로 앉아있었다.

부엌에서 프레지에 위에 생크림을 올리고 있는데, 올비가 냉장고 문을 열어 이것저것 챙긴다. 시계를 보니 시어머니 집에 갈 시간이다.

"조금만 기다려."

서둘러 프레지에를 마무리하고 큼직하게 한 조각을 잘라 투명 용기에 담는다.

올비가 용기를 받아들며 묻는다.

"이거 이 인분이지?"

"양이 많으니까 남겨뒀다가 또 드셔도 되지."

그는 답답하다는 말투로 말한다.

"그게 아니라, 안느 줄 것도 있는지 묻는 거야."

"오늘 두 사람 같이 저녁 먹어?"

"아니… 하지만 이 디저트, 엄마한테만 줄 수는 없잖아."

나는 어이가 없다.

"내가 왜 안느까지 챙겨야 하지?"

목소리가 크레센도로 올라간다. 내가 싸주는 음식도 그럼 이 인분으로 준비하란 말인가?

"정 그러면 프레지에는 안 가져가겠어."

남편은 화를 내며 프레지에를 다시 냉장고에 넣고 문을 세게 닫는다. 쾅. 둔탁한 소리가 울린다. 지금 나더러 눈이 안 보이는 어머니한테 입만 들고 다니는 안느 비위를 맞추란 말인가. 잠시 뒤, 신발을 신던 올비가 냉장고를 열어 프레지에를 꺼내더니 나를 향해 쏘아붙였다.

"쩨쩨하게."

그리고 문을 닫고 다시 나간다.

나는 부엌에 서서, 올라오는 분노를 가라앉힌다. 시어머니가 조력사를 결정한 지 두 달 만에, 휴가를 보내고 올라온 안느로부터 처음 듣는 이야기가 어머니에 대한 불평이다. 그런 안느가 당연히 챙겨야 할 몫이라도 되는 것처럼 나에게 호의를 배분하라는 말이다.

나는 남편에게 문자를 보낸다.

[잘 생각해 봐. '쩨쩨하다'는 표현, 그게 나에게 해당되는 단어야?]

잠시 후 답장이 온다.

[미안해. 네가 쩨쩨하다는 뜻은 아니었어. 프레지에를 안느한테 안 주는 걸 두고 한 말이야. 하지만 그런 말 한 건 미안해. 넌 쩨쩨하지 않아. 그리고 항상 엄마를 챙기는 널 평생 고맙게 생각할 거야.]

비껴나간 사과, 내가 바라는 건 인정이 아니다. 화가 나는 건, 그의 무해하고 중립적인 태도가 결국 자기중심적으로 살아온 안느라는 존재에 어떤 방식으로든 기여해 왔다는 점이다.

사람들은 말한다. "좋은 게 좋은 거지." 그런 말은 대개, 뻔뻔한 사람들에게 조용히 져주라는 뜻이다. 소설 《필경사 바틀비》의 주인공은 회사에서 맡겨지는 업무를 묵묵히 거부하며 "나는 그러지 않는 편이 좋겠습니다"라고 말한다. 그건 단순한 반항이 아니라 자기 존엄을 지키기 위한 의도적인 무위無爲다.

프레지에. 부드러운 생크림 위에 나이프 자국이 남아 있다. 어디에 선을 그을 것인가의 문제다. 그 선은 각자가 정한다. 남의 이기적 무심까지 내 미덕으로 봉합하진 않겠다. 마음속으로 외친다.

'나는 그러지 않는 편이 좋겠습니다!'

죽음을 생각할 때
삶은 더 또렷해진다

　　베를린에 사는 친구 E에게 전화가 온다. 직장 동료가 오늘 세상을 떠났다는 소식을 전했다. 그녀의 상태가 좋지 않다는 이야기를 들은 것이 불과 일주일 전이었다. 그 동료는 나와 비슷한 시기에 같은 암으로 수술과 항암 치료를 받았다. 한 번도 만난 적 없는 사이였지만 동류의식 때문이었는지 친구를 통해 병에 대한 조언을 건네기도 하고 효과를 보았다는 약을 보내온 적도 있다. 친구의 울음을 들으며 문득 생각한다. 저 울음이, 나를 위한 것이 될 수도 있었겠구나. 누군가는 떠나고, 누군가는 남는다. 사람들은 이유를 찾지만, 삶과 죽음 사이에는 아무런 원칙이 없다.

　　수술대에 누웠던 순간을 떠올린다. 6년 전이었다. 긴

수술을 앞둔 새벽, 내가 처음으로 느낀 게 추위였는지 두려움이었는지 지금도 분명하지 않다. 딱딱하고 차가운 수술대에 눕는 순간, 고상한 인간 정신 같은 건 사라지고 우리 모두 죽을 운명을 타고난 몸뚱이를 가진 존재란 사실만 선명하게 느꼈다.

간병인은 내가 추워하는 걸 알아차리고 온풍기를 틀어주었다. 담요 아래로 스며드는 따뜻한 바람, 부드러운 말투와 손길. 그들의 친절은 오히려 내 병의 심각성을 각인시키는 것 같았다.

누운 자리에서 벽에 걸린 시계가 눈에 들어왔다. '저 시계를 다시 볼 수 있을까…' 마취제가 천천히 몸 안으로 퍼지던 순간을 기억한다. 한순간 추위도 두려움도 사라졌다. 마치 삶이라는 거센 물살 한가운데서 발버둥을 멈춘 것처럼. 물속에 몸을 맡기고 천천히 떠오르듯 평온함이 밀려왔다. 그렇게 나는 잠이 들었다.

살아있는 동안 우리는 죽음을 알 수 없다. 죽음이 평온한지, 고통스러운지 결코 알지 못한다. 하지만 죽음을 생각할 때, 삶의 풍경은 더 또렷해진다. 파도를 타려는 본능적 몸짓을 멈춘 순간, 비로소 물결 위로 반짝이는 햇살이 눈에 들어오듯이.

나는 종종 그 순간을 떠올린다. 수술대 위의 정적, 마취제가 스며들던 몸, 잠이 부족할 때 수면의 단맛을 알게 되듯, 죽음이라는 유한성이 삶의 진정한 맛을 깨닫게 해 주기도 한다.

    슬픔에 빠진 친구를 위로한다.

    "한잔 하자. 떠난 이를 위해서. 그리고 남겨진 우리를 위해."

식빵 반죽

sam.

　　토요일 오후, 두 번째 식빵 반죽을 망치고 나서 침대에 드러눕는다. 부드러운 우유식빵을 구워내고, 저녁엔 아페리티프에 곁들일 안주 몇 가지를 준비할 생각이었다. 하지만 준비해둔 반죽은 어딘가 의심스러울 만큼 퍼질러졌고, 오븐에서 꺼낸 건 빵이 아니라 거의 떡에 가까운 뭉치였다. 어제부터 공을 들였는데, 결과는 참담하다. 속이 쓰리고, 어처구니가 없다.

　'이게 그렇게까지 화날 일이야?' 싶다가도, 다시 욱한다. 실패한 연애, 실패한 반죽도 납득할 수 있는 이유가 있으면 견딜 수 있다. 알 수 없는 원인을 찾다가, 속만 부글거린다. 이스트 넣고 발효시키는 일이 그렇게 어려워 보이지 않았다. 그런데 왜, 내가 만든 반죽은 이렇게 물컹해지는 걸까. 할머니부터 유치원생까지, 전국민이 통과하는 시험에서 혼자 낙제한 기분이다. 약이 오른다. 무력감에서 벗어나는 유일한 방법은, 성공시키는 것.

다행인지 불행인지, 재료는 아직 남아있다. 나는 다시 세 번째 반죽을 시작한다. 심장이 콩닥콩닥 뛴다. 10분쯤 지나자, 앞선 실패의 경험이 귀에 속삭인다. '너, 또 망하고 있어.' 밀가루도 바꿨고, 레시피도 바꿨다. 하지만 결과는 같다. 실패의 원인을 모르고 반복하는 걸 '무모한 도전'이라고 한다. 3킬로그램이 넘는 밀가루 반죽으로 채워진 쓰레기통의 묵직한 무게에, 나도 모르게 한숨이 새어나온다. 한심하게 실패를 반복하는 사람들을 이제는 이해할 수 있을 것 같다. 그건 성공하지 않으면 빠져나올 수 없는, 구렁텅이 같은 집착 때문이다.

양궁 대회에 다녀온 올비가 돌아온다.

"경기는 어땠어?"

"좋았고, 또 나빴어. 지난 경기보다는 나아졌지만, 아직도 그게 아니야. 그래서 나빴지."

"내 식빵 같네. 다른 점이 있다면, 내 식빵은 한 번도 나아진 적이 없다는 거지."

"두 번 다?"

세 번이라 말할 뻔하다가 얼버무린다.

"그냥, 그렇게 알아…"

샴페인을 연다. '완치 판정', 나의 병원 졸업을 기념하는 날이라 평소보다 좋은 블랑 드 블랑을 꺼냈다. 잔을 부딪친다.

"축하해."

한 모금을 넘기지만, 머릿속 한쪽엔 실패한 반죽이 들러붙어 있어 무슨 맛인지 모르겠다. 잔을 내려놓다가 어제 세상을 떠난 친구의 동료가 떠오른다. 같은 병, 같은 시기. 한배를 탔던 이는 운명의 풍랑에 휩쓸렸고, 나는 축배 앞에서 식빵 반죽에 분노하고 있는 것이다. 죽음을 사색하고, 장례식장에서 '진지하게 살아야지' 다짐하지만, 다음 날 식빵 반죽 앞에서 울고 있는 것이 인간인가 보다.

죽음을 인식하는 것이 삶을 밀도 있게 만들지만, 잊을 수 있는 능력, 망각할 수 있는 능력, 어쩌면 그것이야말로 인간을 인간답게 만드는 속성인지도 모른다.

그렇게, 스스로를 위로해 본다.

아버지의 부고

올비의 생일파티, 저녁을 먹는데 한국에 있는 오빠에게서 전화가 걸려왔다. 아버지가 의식을 잃고 응급실로 실려갔다는 소식이었다. 잠시 후, 다시 전화벨이 울렸다.

"돌아가셨어."

오빠의 목소리는 얼이 빠진 듯 멍하게 들렸다. 5천여 마일 떨어진 이곳에서 부모님의 부고를 전화로 받게 될지도 모른다는 상상을 종종 하곤 했지만, 막상 갑작스럽게 전해진 아버지의 죽음은 슬픔보다는 낯설고 생소했다.

5개월 전, 아버지와 점심을 먹은 날은 어버이날이었다. 가슴에 카네이션을 달고 휠체어를 타고 돌아가시는 아버지의 뒷모습을 보며 생각했다.

'이게 마지막일까.'

나이 든 부모님에게 드는 이런 예감은 한 번은 들어맞

게 마련이다. 아버지의 목소리가 귓가에 맴돈다.

"나는 영원히 살 것이다."

아버지는 죽음과 상관없는 사람처럼 살았다. 사이비 종교, 허황된 꿈을 쫓으며 작은 성취에 취했고, 언제나 운이 자신을 지켜줄 거라 믿었다. 실패를 반추한 적 없이, 무모한 도전과 충동으로 점철된 인생을 살았다. 삶이라는 텃밭에 건강한 자아를 심지 못했고, 노년이 되어서도 스스로를 거두는 일조차 실패했다.

아버지는 식당에서 말없이 고기만 드셨다. 동반자는 아버지가 곡기를 끊으려 했다고 말했다. 그녀는 작년에도 똑같은 말을 했다.

"자식들에게 버려진 것 같다고 그러셨어."

그 말을 들으며 생각했다. 죽음 앞에선 자식에게 무심했던 사람도 자식에게 버려졌다는 감정을 느낄 수 있구나. 하지만 그 말조차 동반자가 지어낸 말일 수도 있다고 생각했다.

가족은 기대고 의지하는 존재라고 믿는다. 아버지는 늙음이 누군가에게 짐이 될 수 있다는 두려움도 없이, 예상치 못한 사고처럼 말년을 맞았다. 날아오는 청구서가 되어버린 관계에 부담 느낀 자식들은 전화를 피하게 된다. 그렇게 가족이라는 배는 서서히 침몰했다. 코로나 이후, 아버지는 말이 없어지고 눈빛이 흐려졌다. 치매는 그에게 마지막 남은 존엄이었는지도 모른다. 서서히 지워지면서, 자신의 굴욕적인 투항조차 보지 않아도 되었으니까.

식사를 하고 안부 묻는 일조차 저버리고 마음을 닫은 자식들, 눈물과 애도 없는 장례식, 남은 건 화환 개수와 조문객 리스트뿐이다. 가족이라는 이름이 요구하는 애도, 남겨진 자로서 지켜야 한다고 여겨지는 순서와 예절. 나는 그 모든 것에서 조용히 비켜서기로 했다. 진정한 '작별'은 죽음의 순간이 아니라 삶 속의 관계에서 시작된다. 떠나버린 아버지를 위한 예보다, 곁에서 시어머니의 마지막을 함께하는 일이 지금 나에게는 더 온전한 선택인 것처럼 느껴졌다. 오빠가 아버지의 마지막 눈빛이 편안했다고 전한다. 하지만 그것도 산 자의 해석일 뿐이다.

어린 시절 추운 겨울밤, 아랫목에 담요를 덮고 누워있으면 술에 취한 아버지의 발소리가 들렸다. 문이 벌컥 열리고, 찬바람과 함께 사과봉지를 겨드랑이에 낀 아버지가 들어왔다. 허약한 미래가 기다리고 있으리라는 건 상상도 못 했던, 순진무구한 젊음. 내가 기억하는 애잔한 아버지의 얼굴이다.

시간은 어느 순간 날을 세워 과거를 베어가고, 우리를

어디론가 데려간다. 죽음 뒤에 남는 것은 무엇일까. 애도와 슬픔일까, 아니면 끝내 맺지 못한 관계의 청구서일까. 죽음을 준비한다는 건, 결국 살아있는 동안 곁에 있는 이들과 관계 맺는 일이다. 죽음은 삶의 문장 끝에 찍는 마침표지만, 슬픔은 그 문장이 얼마나 진심이었는지를 말해준다.

제페토의 무덤

아를레트는 가끔 혼잣말처럼 중얼거린다.

"우린 같이 떠나야 했어."

65년의 세월은 한 사람을 먼저 보낸 뒤에도 '우리'라는 복수형을 그대로 간직한다. 하지만 죽음 앞에서 도망치는 존재와 죽음을 기꺼이 받아들이는 사람은 결코 함께 떠날 수 없는 운명이다.

시아버지는 몇 년 전 췌장암 수술을 받고 집행유예를 얻었다. 2년 반 동안 병원과 집을 오가다가 암이 재발했을 때는 더 이상 손쓸 수 없는 상태였다. 89세. 이 치료에 더 이상 희망이 없다는 걸 의사도, 가족도, 그리고 그 자신도 알고 있었다. 하지만 그는 마치 죽음을 부정하는 것만이 유일한 의무인 양, "다른 선택이 없잖니"라고 말하며 항암 치료를 택했다.

죽음을 선택할 권리가 고유하듯, 죽음의 고통에서 벗

어나려는 선택 역시 타인이 개입할 수 없다. 이미 공포에 질린 그에게 아무도 '죽음'이라는 단어조차 꺼낼 수 없었다. 결국 그는, 자신의 선택에 희생되었다. 마지막 항암 치료는 고통스러웠고, 그 선택의 끝은 너무도 익숙한 방식으로 – 작별 인사조차 하지 못한 채, 혼자 남겨진 호스피스에서의 죽음이었다. 가족의 사랑도, 돌봄도, 말도 닿지 않는 곳. 두려움과 부정 속에서 스스로의 결정에 짓눌린 채 맞은 마지막이었다.

가족들이 시아버지 제라르의 유골을 뿌리자고 결정했을 때 나는 깜짝 놀랐다. 망자를 기억할 장소가 있어야 하는 것 아니냐고 말했지만, 아무도 동의하지 않았다. 엄마 무덤이 떠내려가는 걸 보고 우는 청개구리처럼, 황당하고 슬퍼서 혼자 울었다.

페르 라셰즈 묘지에서의 영결식은 조용하고 간결했다. 아를레트는 끝까지 꼿꼿하게 자리를 지켰다. 준비 없이 시작된 현비의 추모사는 할아버지를 떠나보내는 슬픔과 그리움이 뒤섞인, 조사였다. 사제도 제단도 없었지만, 가족들은 각자 기억의 말로 이별 인사를 했고, 제라르는 자신이 사랑으로 길러낸 이들의 목소리를 들으며 이 세상을 떠났다. 화려한 화환도, 장황한 의례도 없었지만 헤어지는 슬픔이 고스란히 느껴지는, 가장 인간적인 장례식이었다.

제라르의 유골은 그의 소박하고 목가적인 삶이 있었던 모르방에 뿌려졌다. 겨울이 시작되는 강가의 햇살은 따뜻했다. 움직이는 물고기들이 들여다보일 정도로 강물은 투명했다. 유골을 한 줌 쥐고 생각했다. 몸이 있기 때문에 죽는구나. 한 줌의 먼지뿐인데, 대체 무엇을 그렇게 붙잡아두려 했을까. 제라르가 떠난 뒤, 아를레트는 시골집에 다시 가지 않았다. 유골을 뿌리던 날조차, 근처 호텔에 홀로 머물렀다. 장소의 기억과 추억이 그토록 고통이 될 수 있다는 걸 그때 알았다.

유골을 뿌리고 파리로 돌아오는 A6 고속도로에서 그를 떠올렸다. 아침마다 커피를 내려 아내 침대로 가져다주던 남편. 한 번도 아내 생일에 꽃 부케를 잊지 않던 사람. 병상에 누워있을 때는 농담처럼 아내에게 꽃을 그려주었다. 딸네 집에 들를 때면, 혹시 딸이 세금 고지서를 잊었나 몰래 확인하던 아버지. 손주들을 위해 새집을 만들어 나무에 걸어주던 할아버지. 나에겐 영원히 《피노키오》의 제페토 같은 시아버지였다. 망자는 산 자의 마음속에 가장 따뜻하게 묻힌다.

목요일의 샴페인 III

샴페인 코르크를 따려다 말고, 아를레트의 거실을 천천히 둘러본다. 식탁은 붕대와 약상자로 뒤덮여 있고, 한때 따뜻한 가족의 보금자리였던 거실은 마법이 풀린 호박 마차처럼 점점 썰렁한 요양소로 변해 간다.

아를레트의 일인용 소파에는 때가 타지 않도록 천이 씌워져 있다. 그녀가 앉아있을 날이 얼마 남지 않았다는 생각이 들자, 차라리 커버를 벗겨두고 싶어진다. 하지만 그녀는 늘 그렇듯, 정성스럽게 천을 다시 고쳐 덮는다.

내가 말한다.

"만약 잠이 오지 않으면, 수면제를 좀 먹어봐."

그녀는 놀란 얼굴로 말한다.

"무슨 소리야. 그런 것에 한번 길들여지면 빠져나올 수가 없단다."

죽음을 앞둔 사람이라면 인생에서 한 번도 해보지 못

한 것을 해보고 싶어 할 거라 생각했지만, 실은 그렇지 않다. 인간은 습관이라는 이불을 덮고, 그것과 함께 떠나는 존재 같다.

"입맛은 좀 어때?"

"음… 힘들 때도 있지만 그럭저럭 괜찮아."

샴페인 거품이 조용히 피어오른다.

나는 잔을 건넨다.

"고맙다."

그녀는 입술에 닿는 감각을 되새기듯 한 모금 마신다.

"아… 이거 참 맛있지."

잔을 조심스레 내려놓으며, 그녀가 말한다.

"너희 애들은 참 훌륭해. 그렇지 않니? 난 손주들을 볼 때마다, 이 정도면 내 인생도 괜찮았다는 생각이 들어."

그 말은, 자신을 다독이는 위안처럼 들린다.

"그럼, 그럼."

힘 있게 맞장구친다. 나의 자긍심을 보태, 그녀의 마지막 인생 결산이 쓸쓸하지 않기를 바라는 마음으로.

"내가 어제 라디오에서 들은 이야기 해줄게. 어떤 할머니가 손자를 데리고 바닷가를 걷고 있었대. 그런데 큰 파도가 몰려와 손자를 삼켜버린 거야. 할머니는 하늘을 향해 울부짖었대. '신이시여, 제 손자를 돌려주세요!' 그런데 정말 기적처럼 다른 파도가 손자를 다시 데려다줬대. 그때 할머니가 하나님한테 뭐라고 했는지 알아?"

아를레트가 나를 쳐다봤다.

"근데, 혹시 제 모자는 못 봤어요?"

아를레트가 깔깔 웃는다. 오늘 그녀의 웃음은 유난히 맑고 가볍게 들린다. 문득 생각한다. 우리 앞에 남은 시간이 얼마나 될까.

그녀가 말했다.

"오늘 아침 라디오에서 로베르토 알라냐 인터뷰를 들었어. 육십이 넘으니 성대가 늘어나서 이제는 큰 무대엔 설 수 없대. 〈토스카〉를 다시 듣는데, 너무 좋더라."

나는 핸드폰에서 〈별은 빛나건만$^{E\ lucevan\ le\ stelle}$〉을 찾아 건넨다. 그녀가 핸드폰을 귀에 바짝 갖다 댄다.

〈토스카〉는 내가 바스티유 극장에서 처음 본 오페라였다. 한 줄기의 조명이 무대 위에 떨어지고, 마지막을 알리는 종소리가 깔리며 달빛 아래에서 로베르토 알라냐가 죽음을 앞둔 남자의 마음을 노래했다. 삶이 끝나간다는 사실을 알면서도, 마지막까지 놓지 못하는 사랑의 감정. 그 전율과 감동이 아직도 또렷하다. 그녀는 눈을 감고 노래를 듣는다. 노래가 끝나자, 부드러워진 얼굴로 핸드폰을 내게 돌려주며 말한다.

"이 멜로디가 하루 종일 머릿속에서 떠나질 않아."

그리고 흥얼거리며 따라 부른다. 오페라 한 소절, 샴페인 한 잔. 그녀의 오후가 잠시나마 견딜만한 것이 되었기를 바란다.

평소처럼 저녁을 차려주고 집을 나서는데, 오늘 그녀는 문간까지 배웅하러 나온다. 문이 닫히기 전에 그녀가 나를 보며 말한다.

"넌 이걸 알아야 해. 너를 보는 모든 순간이 나에겐 순수한 기쁨이라는 걸…"

날짜가 정해졌다

구름 한 점 없는 금요일 오전, 마르쉐에 갔다가 만난 친구와 커피를 마시던 중 문득 생각이 났다.

"우리 시어머니, 정말 대단하신 분 같아. 그 나이에 어떤 감정을 느낀다 해도 표현한다는 게 쉽지 않을 텐데… 어제 나한테 그러셨어. 너를 보는 모든 순간이 순수한 기쁨이라고."

내 말을 들은 친구가 잠시 뜸을 들이다 걱정스러운 어조로 말했다.

"어머… 자기 시어머니, 금방 돌아가시려나 보다."

픽, 웃음이 났다. 왜 한국 사람들은 꼭 그런 미신 같은 말을 덧붙일까.

그때 전화가 울렸다. 올비였다.

"저녁까지 기다릴 수도 있지만, 그래도 미리 말해두는 게 좋을 것 같아서…. 날짜가 잡혔어. 오늘부터 열흘 안이래."

'열흘 안이래.' 가슴이 철렁 내려앉았다. 갑자기 아무 말도 생각나지 않았다. 이제, 진짜구나.

나는 눈물이 늘 부담스럽다. 감정이 지나쳐서 넘친다고 생각한다. 그런데, 잠글 틈도 없이 쏟아지는 눈물도 있다. 마음의 준비를 한다고는 했지만, 그건 슬픔을 미루는 일이었을 뿐이다. 대체 살아있는 사람의 죽음을 어떻게 준비할 수 있을까.

나는 꿈을 꾼다. 늘 나오는 오래된 집이다. 그런데 계단이 없다. 아래층으로 내려가려면 집 밖으로 나가야 한다. 발에는 양말만 신겨있다. 간신히 돌아 들어가 보지만, 그 집은 이미 낯선 사람들의 것이 되어 있다. 방이 많아져서 어리둥절하다. 문을 열자 흑인 여성의 짐이 가득 들어차 있다. 그녀가 말한다.

"이 방 두 개는 제 겁니다. 계약서에 나와 있을 거예요."

나는 고개를 끄덕이며 생각한다. 비워줘야겠다고. 내가 한때 살았던 기억이 아니라, 지금은 그녀의 삶이 이 방을 채우고 있다는 걸 받아들여야겠다고. 내 것이었던 방이 이미 누군가의 삶으로 채워져있다는 사실이 뒤늦은 죄책감처럼 느껴진다. 왜 좀 더 자주 와보지 않았을까. 그 시간들을, 그 자리를, 그 침묵을 함께하지 않았던 것이 마음에 걸린다.

    다른 방의 바닥이 들려있고, 그 안에 하얀 관이 놓여 있다. 그녀의 동생이라고 했다. 그녀는 비통하지만, 자랑스럽게 말했다. 죽음을 아름답게 기억하고 싶다는 듯이.

목요일의 샴페인 IV

　　집 안 구석구석 먼지를 털고, 묵은 때를 닦는다. 지하창고를 정리하고, 바람 빠진 타이어에 공기를 넣고, 세차를 한다. 움직일 때마다 몸속에서 슬픔이 출렁인다. 끝을 알 수 없던 기다림은 막막했지만, 날짜가 정해진 뒤에는 차라리 그 막막함이 나았다는 생각이 든다. 마지막을 알게 되는 순간, 죽음을 향해 한 걸음씩 다가가는 건 또 다른 고통이다. 그 끝을 모른 채 사는 시간, 그게 그나마 남은 자유였다.

　마음속으로 중얼거린다. 그녀에게 뭘 해줄 수 있을까. 언제부터인지 아를레트를 위해 해줄 선물이 없다. 더구나 모든 것을 내려놓고 떠날 준비를 마친 사람에게는 물건도, 계획도, 여행도, 심지어는 꽃다발도 의미가 없다. 겨우 닷새가 남았다.

　그녀와 보낼 마지막 목요일을 위해 모둠전을 준비한

다. 반죽을 만들고 기름을 두르고 전을 부치는 동안, 슬픔이 가라앉는다. 그녀는 이별 파티조차 바라지 않는다. 한 사람 한 사람 담담하게 작별한다. 울부짖음도, 오열도 그녀에겐 모두 떠들썩한 감정일 것이다. 남겨진 이에게 감정의 파편을 남기고 싶지 않고, 자신의 슬픔에 잠기지 않으려는 그녀다운 이별이다. 단비는 마지막으로 만나는 할머니를 위해 카눌레를 만든다. 아이들도 안다. 할머니는 눈물 대신 온기가 담긴 배웅을 원한다는 걸.

아를레트는 우리의 마지막 목요일을 비워놓았다. 샴페인을 연다. 두 잔이면 충분하지만, 혼자서는 열 수 없어 마시지 못했던 샴페인. 고통도 죽음도 잠시 잊게 해주던 시간 – 우리에게 이만한 위안이 있었을까.

바삭하게 덥힌 해물전을 간장에 찍어 그녀의 접시에 올려준다. 그녀는 맛있다는 말 대신 조용히 고개를 끄덕이고 "음" 소리를 낸다.

그녀의 부스스한 머리를 보면서 묻는다.

"미용사를 불러 머리를 하는 건 어떨까?"

"글쎄다. 파마를 해야 하는 머리인데…."

그녀 말이 맞다. 겨우 닷새 남은 사람에게 퍼머넌트라니…. 잠시 후, 그녀가 되묻는다.

"그럼, 머리 양쪽에 머리핀을 꽂으면 어떨까?"

내가 고개를 끄덕이자 그녀가 말한다.

"그럼, 네가 머리핀을 꽂아다오."

그 말은 오히려 나를 위한 위로처럼 들린다.

"손톱은 어때?"

"어제 간병인에게 부탁해서 잘랐어."

그녀는 선반 위에 놓인 손톱 정리 키트를 들어 보이면서 말한다.

"이건 네가 오래 전에 선물로 준 거야."

그녀의 말투에는 약간의 자랑이 섞인다. 관계는, 마지막 순간에도 서로에게 스며든 이런 사소한 기억으로 살아남는가 보다.

"사람들에겐 나중에 부고장만 보내줘."

나는 아무 말도 하지 않는다. 마지막을 알면서도 눈을 맞추고, 머리핀을 부탁하고, 웃는다. 떠들썩하지 않은 이별, 죽음을 선택하지만 슬픔에 자리를 빼앗기지 않는다.

내가 말한다.

"아이들이 오면 같이 마시라고, 냉장고에 샴페인 몇 병 넣어놨어. 토요일 저녁엔 미셸과 먹을 해물 요리를 준비할게. 생굴도 괜찮겠지?"

"아, 그거 좋은 생각이다."

그녀가 집을 떠나기 전 마지막 식사는 크리스마스 만찬처럼 해주고 싶다. 샴페인과 함께 죽음을 잠시 잊고, 프랑스 사람들이 르베이용^{Réveillon}이라 부르는 크리스마스이브 만찬처럼.

"간병인과 가사도우미에게 줄 초콜릿 상자도 챙겨서 현비한테 보낼게."

"고맙다."

내가 그녀를 위해 해줄 수 있는 것은, 그녀의 이별을 준비해 주는 일뿐이다. 샴페인을 한 모금 삼킨 뒤, 그녀가 말한다.

"어제 올리비에에게도 말했지만, 우린 널 보자마자 아무 벽 없이 받아들였어. 너의 자연스러운 성격 덕분이기도 했지만… 난 정말 운이 좋았어."

눈을 감을 때까지, 운이 좋았다고 느낄 수 있는 관계는 인생에서 얼마나 될까. 떠나기 전 그 마음을 말로 전할 수 있는 순간은 얼마나 될까. 말하지 못한 채 떠나는 느닷없는 죽음 대신, 마음을 말로 전할 수 있는 시간.

"운이 좋았어"라는 말은 사랑한다는 말보다 덜 부담스럽고, 고맙다는 말보다 더 깊고, 미안하다는 말보다 따뜻하다. 어쩌면 이별을 가장 덜 아프게 만드는, 배려의 말 같다. 평소처럼 저녁 식탁을 차려주고 침실 덧창을 닫은 뒤,

집을 나선다.

    어둑해진 거리, 가을 공기가 벌써 차갑다. 바람에 쓸려 다니는 마른 잎들처럼, 슬픔이 이리저리 마음을 스치고 지나간다. 눈앞이 갑자기 흐려진다.

고요한 결심

　　　　아를레트는 친구도 없고, 친척도 거의 없다. 아미엥에 사는 열여덟 살 아래 여동생 미셸이 멀리서 찾아오는 유일한 가족이다. 시어머니의 삶은 조용했고, 말년의 즐거움이라곤 책뿐이었다. 그녀는 그 질서를 마지막까지 흐트러뜨리지 않았다.

　그녀는 자신의 죽음을 '행사'로 만들고 싶어 하지 않았다. 그저 일상의 연장선이길 바랐다. 간병인과 가사도우미에게 초콜릿 상자를 건네면서도, 다음 주부터는 오지 않아도 된다는 말조차 하지 않는다. 조력사가 불법이기 때문에 혹시라도 알려질까 하는 조심스러움도 있지만, 익숙한 습관에 의지해 하루하루를 살아내다가, 아무 일도 아닌 듯 슬쩍 떠나려는 것처럼 보였다.

　그녀는 미셸이 스위스에 동행하는 것조차 원하지 않았다. 타인에게 슬픔을 '수행'이라는 감정의 의무로 만들고 싶지 않았던 것이다. 자신의 죽음을 온전히 자기 방식으로 살아내려는 의지처럼 보인다. 하지만 언니의 마지막 여행에 동행하고 싶은 마음을 거절당한 여동생에겐 상처가 된다.

올비의 조율과 중재 끝에, 아를레트는 가까스로 미셸의 동행을 받아들인다. 미셸은 아를레트가 집에서 손주들과 조용히 작별 인사를 나눌 수 있도록, 스위스로 떠나기 이틀 전 아미엥에서 도착한다.

금요일 저녁, 올비가 말했다.

"너 아니? 어머니가 계속 소파에 앉아서 잔대."

"그게 무슨 소리야?"

"미셸이 그랬어."

"목요일마다 나한테 침실 덧창을 닫아달라고 부탁하시는데?"

"그건 방에서 자는 것처럼 보이려고 그러신 거 같아."

나는 그 말이 믿기지 않았다. 설마, 목요일마다 침실 덧창을 닫아달라고까지 하면서? 언제부터였을까. 바닥에 쓰러졌던 그날 이후였을까. 그 뒤로 그녀는 매일 밤, 등을 소파 깊숙이 기대고 잠을 자는 게 아니라 버티는 듯한 자세로 눈을 감았을지도 모른다. 그 시간은 얼마나 길고 고독했을까. 그리고 그런 고통을, 모든 사람에게 숨겼다.

웰다잉이라는 말이 있다. 하지만 모든 죽음은, 어떤 형태로든 고통을 품고 있다. 그럼에도 마지막 순간까지 자신의 습관과 방식을 지키고, 관계 속에서 자신의 무게를 덜어내며, 흔적마저 남기지 않으려는 존재도 있다. 그렇게 끝까지 자기 방식으로 생을 닫는 것. 그 선택을 우리는 무엇이라 불러야 할까.

말하지 않음으로 전해지는 사랑처럼, 침묵으로 지켜낸 질서. 나는 그 결심 앞에서, 처음으로 죽음의 또 다른 얼굴을 본다.

sam.

마지막 만찬

올비는 미셸과 스위스 출발 시간을 주고받고 전화를 끊으며 말한다.

"내일 아침, 일곱 시에 주차장에서 만나기로 했어."

내가 깜짝 놀라며 묻는다.

"설마, 이모가 어머니를 부축해서 혼자 계단을 내려올 수 있다고 생각하는 건 아니지?"

그의 무심한 발상에 나도 모르게 핀잔이 섞인다. 다시 미셸에게 전화를 건다.

"내려오지 말고, 아파트로 올라갈 때까지 기다리는 게 좋을 것 같아."

"나도 그럴 거라 생각했다. 그런데…."

그녀가 말을 멈춘다.

"아를레트는 네가 냉장고에 음식을 넣어놨다고 하던데, 아무것도 없어."

"잘 찾아봐 있을 거야. 바닷가재, 연어, 새우도 있어. 굴도 넣어뒀어."

아무것도 없는 냉장고. 마지막 식사로 준비해둔 것이니 찾을 필요도 없을 텐데, 이상했다.

"아무것도 없어…. 아. 아마 낮에 토마랑 마린이 와서 먹은 것 같아."

나는 할 말을 잃는다. 낮에 할머니를 찾아간 조카 토마에게 저녁에 드실 굴을 미리 좀 열어놓으라고 부탁했을 뿐인데… 텅 빈 냉장고만 남기고 간 것이다. 그 음식이 마지막 식사일 거라는 생각도 없었고, 눈이 보이지 않는 할머니의 식사가 냉장고에 남아있는지조차 살피지 않았다. 얼른 시계를 본다. 밤 여덟 시가 넘었다. 달려가고 싶지만, 슈퍼도 금방 닫힐 시간이다.

미셸이 나를 안심시키듯 말한다.

"걱정 마. 냉동실을 찾으면 뭔가 있을 거야."

마지막 식사를 해동식품으로 해결해야 하는 상황에 화가 났다. 음식 때문만은 아니었다. 떠나는 이에게 건네는 마음을 전혀 느끼지 못하게 하는 태도 때문이다. 이젠 해줄 기회조차 없는데….

청결을 느끼는 기준은 사람마다 다르다. 청결을 유지

하는 건 부지런해서가 아니다. 무질서한 상태가 불편하기 때문이다. 누군가를 챙기고 배려하는 일도, 어쩌면 마음의 청결과 같다. 그 감각이 없다면, 지저분한 방이 불편하지 않듯, 배려 없는 무관심도 전혀 이상하지 않다. 그렇게 썰렁한 한끼가, 그녀의 마지막 만찬이 되어버렸다.

2부

똑같은
삶이 없듯,
똑같은
늙음도 없다

Pas plus qu'il n'existe deux vies identiques,
il n'existe deux vieillesses semblables.

그가 살아온 그대로 죽으리라,
평생 명령만 받아온 병사처럼 얌전하게.

- 장 아메리

다시 돌아오지 않을 여행

알람시계를 맞출 때마다 몸 안에서 생체시계가 째깍거리는 바람에 잠을 잘 수 없다. 밤새 뒤척거리다 결국 새벽에 눈을 감은 채 알람이 울리기만 기다린다.

창밖은 아직 깜깜하다. 부엌에서 올비가 커피 내리는 소리가 들린다. 알프스 스키 여행을 떠날 때도 그는 새벽에 일어나 커피를 보온병에 담곤 했다. 비슷한 시간에 비슷한 여정, 오늘 우리가 도착하는 곳은 바젤이다. 그곳 호텔에서 일요일, 마지막 밤을 보낸다. '윙~' 하는 소음이 울린다. 커피 머신이 아니라 머릿속에서 들리는 소리다.

냉장고에서 샴페인을 꺼낸다. 올비는 내가 샴페인 잔을 챙기는 걸 보더니 핀잔을 준다.

"그러지 말고, 종이컵 가져가."

"모든 건 다 종이컵으로 마셔도 돼. 샴페인만 빼고."

혼잣말로 중얼거린다.

"더구나, 마지막 샴페인을…."

시어머니의 아파트 주차장에 도착했을 때, 시계는 일곱 시 정각이다. 올비는 그녀가 편히 탈 수 있도록 큰 차를 렌트했다. 그가 GPS에 목적지를 입력하고, 난 시어머니를 데리러 아파트로 올라간다. 다리가 조금 후들거린다.

아파트 문을 열고 들어갔을 때 부엌에 있던 그녀가 나를 보자 쓰레기봉투를 내밀며 말한다.

"어제 애들이 먹고 간 생굴 껍데기야. 냄새 날 테니 버리고 가야지."

여행 떠나기 전 집단속을 하는 사람처럼 말한다. 담담한 표정이지만, 인사를 나눌 정신조차 없다는 걸 눈치 챈다. 파티에 초대받은 손님처럼 조카들이 남기고 간 쓰레기를 버리고 돌아왔을 때, 아를레트는 골똘히 생각에 잠긴 표정으로 스카프를 목에 두르고 있다.

나는 다가가 패딩에 팔을 끼우는 걸 돕는다. 평소 외투 입는 걸 도와줄 때마다 "자. 부인!" 하고 말하는 농담에 그녀는 소리 내서 웃곤 했다. 오늘 아침, 나는 아무 말도 하지 않는다. 그녀도 웃지 않는다. 거실 한가운데, 그녀를 기다리는 핑크색 여행 가방이 보인다. 다시 돌아오지 않을 여행을 떠나는 사람의 가방은 연극 무대 소품, 텅 빈 농담 같다.

미셸과 시어머니를 부축해 아파트 계단을 내려온다. 그녀가 마지막으로 집 바깥을 나온 것은, 6개월 전 응급실에 실려 갔을 때였다. 그녀가 한 걸음씩 계단을 내딛을 때마다, 얇은 신음이 새어 나온다. 단말마 같은 고통이, 자신의 일부와 다름없던 집에서 영원히 이별하는 슬픔을 삼킨다. 나는 장의사처럼 그녀를 한 걸음씩 죽음으로 운반하고 있다. 계단 끝에 다다를 때, 희미한 새벽빛이 스며든다.

아무것도 없는 것으로

A6 고속도로를 타고 남쪽으로 내려간다. 이 고속도로는 아를레트가 60년 동안 시골집과 파리를 수없이 왕복했던 길이다. 그녀는 손을 모은 채 앉아있다. 파리에서 200킬로미터 떨어진 모르방을 지날 무렵, 아침 햇살이 유채꽃을 수확한 벌판 위에 내려앉는다.

"아를레트, 지금 우린 모르방을 지나고 있어."

"아. 그러니."

반가운 목소리로 대답한다.

"유채꽃 들판에 이슬이 내려앉아 꼭 눈이 덮인 것처럼 보여."

그녀의 시야에는 지금, 살아온 시간의 풍경이 스쳐 지나가고 있을 것이다. 차 안에 라디오는 꺼져있고, 뒷좌석에 앉은 두 사람은 잠들어 조용하다. 죽음으로 향하는 길이 이토록 평화로울 수 있다는 것이 이상하다. 이렇게 맑고 조용한 아침이라면, 모든 것이 사라져도 이상하지 않을 것 같다.

영화 〈씨 인사이드〉의 한 장면이 떠오른다. 삶의 끝을 바라보는 주인공의 목소리가.

"죽음 뒤에 다른 세계가 있으면 제게 알려주세요."

"죽음 뒤에는 아무것도 없어."

"그걸 어떻게 확신할 수 있죠?"

"마치 아버지가 말하길, 내일 비가 올 것 같다고 하면 비가 오는 것처럼. 그냥 그런 느낌이야. 우리가 태어나기 전처럼, '아무것도 없는 것'으로 돌아가는 거야."

낯설고 끝을 알 수 없던 지난 세 달, 아를레트는 단 한 번도 흔들리지 않았다. 무임승차한 적도, 빨간불을 무시한 적도 없는 그녀가 이제 법을 어기는 일조차 감수하며 국경을 넘으려 한다. 자기 자신으로 남기 위해 떠나는 여행. 그 몸도, 그 결심도, 그 삶도 — 오롯이 그녀의 것이다.

시간 되감기

우리가 묵는 호텔은 산기슭 중턱에 있다. 늦은 오후에 도착하자마자, 긴 여행에 지쳐 쓰러지듯 잠들었다. 다시 일어나고 싶지 않은 잠이었다. 눈을 떴을 때, 호텔 창밖으로 잿빛 하늘만이 보인다. 우울도, 슬픔도 비슷한 무채색이다.

협회 직원이 호텔로 찾아와 아를레트를 만났다. 조력사 등록 후 처음이다. 한 달 전쯤 전화 인터뷰 한 번이 전부였다. 죽음의 선택과 과정, 최종 결정이 이메일과 전화 몇 통으로 오간다는 사실이 그 무게에 비해 터무니없이 가벼워서, 세 달 내내 반신반의했다. 절차로만 존재하던 죽음이, 실존적인 몸의 사건이 된다.

호텔 로비 레스토랑에서 저녁을 먹는다. 식당엔 우리뿐이다. 마치 스위스로 여행 온 프랑스 가족처럼, 메뉴를 묻고 식사를 한다. 내일 죽음을 예약해둔 사람이라는 건 아무도 눈치 채지 못할 것이다. 마지막임을 모르는 척하기, 그것이 마지막을 견디는 제일 현명한 방법처럼 느껴진다.

식사가 끝나고 아를레트의 방으로 갔을 때, 가족 앨범에서 추린 사진들이 화면에 뜬다. 90년의 인생이 되감기듯 짧은 파노라마처럼 흐른다. 삶의 끝에서 주마등처럼 스쳐 지나가는 장면들. 빛바랜 흑백 사진 속, 부드러운 피부를 가진 아를레트의 얼굴이 반짝인다. 흰 레이스 드레스, 잘 손질된 머리카락, 세례식이 끝난 뒤 찍힌 사진이다. 무신론자였던 아버지가 전쟁 중 포로로 잡혀 있던 사이, 어머니가 몰래 세례식을 올렸기 때문에 이 사진은 감춰야 했던 가족사의 비밀이었다고 한다.

결국 그녀의 인생에 신은 출현하지 않았다. 신 없는 세계에서 인간이 만들어낸 질서. 노쇠한 아를레트는 오직 자신에게 귀속된 인간의 의지로 죽음의 문턱에 다가서고 있다. 눈매며 고개 드는 버릇까지 아버지를 꼭 닮았다는 미셸의 말에 아를레트는 미소 짓더니, 주름진 손을 무릎 위에 조용히 모은다. 바닷가에서 손에 아이스크림을 쥐고 있는 소녀, 전쟁 전 가족이 다녀온 해변, 아이들이 발을 담갔던 물가. 전쟁 중에는 양모를 풀어 옷을 다시 떴고, 아이가 크면 소매를 덧대어 옷을 늘려 입혔다고 말해준다.

우리는 무심하고도 선명한 생의 증거들을 지켜본다. 돌아갈 수 없는 장면들. 사진이 보여주는 순간들은 낯설지만, 그 시간을 기억하는 누군가가 있다는 사실만으로도 위안이 된다. 사진 속의 시간은 멈췄고, 그 시간을 품고 있는 사람의 생도 곧 멈춘다. 아를레트가 아무 말 없이 허공을 바라본다.

이미 그녀는 손을 뻗어도 닿지 않을 만큼 멀고 부드러운 과거의 한복판에 있다. 지금 그녀는 그 기억의 증인이 되어, 자신의 인생 끝자락을 바라볼 뿐이다. 내일, 그녀는 태어나기 전의 시간으로 도착한다.

아를레트의 레시피

아침에 일어나 아를레트의 방으로 내려갔을 때, 그녀는 소파에 앉아있었다.

"잠은 좀 잤어?"

"도저히 누워서 잘 수 없었어. 다리 통증 때문에…"

잠시 말을 멈추더니 덧붙인다.

"하지만 뭐…"

영원한 휴식이 기다리는데, 고작 하룻밤의 고통쯤은 대수롭지 않다는 마음을 읽는다. 나도 그녀가 편안하게 몸을 눕히고, 고통스러운 불면의 밤이 끝나길 바란다. 슬픔은 내 몫이지만 고통은 끝까지 그녀의 몫이기에.

호텔 1층 로비 레스토랑. 어제 저녁처럼, 손님은 우리뿐이다. 넓은 창가 테이블에 아침 식탁이 차려져있다. 창밖으로는 전형적인 스위스의 산기슭 풍경이 보인다. 부드러운 햇살, 그리고 산기슭에서 들리는 젖소 방울 소리. 지독하게 평화로운 아침이다. 이 풍경도 몇 시간 뒤면 그녀에게서 완전히 사라질 세계다. 내 옆에 앉은 그녀를 본다. 굽은 등, 가늘어진 어깨. 이렇게 작게 느껴지는 건 처음이다. 그녀는 오랜 습관처럼 크루아상을 찢어 커피에 적셔서 입으로 가져간다.

모르방 시골집의 아침 식탁이 떠오른다. 그녀는 우리에게 신선한 커피를 내려주고, 자신은 전날 남은 빵을 굽고 식은 커피를 데워 마셨다. 식사가 끝나면 빵 부스러기를 모아 테라스에 뿌려 새들을 불러 모았다. 신발을 갈아 신은 뒤엔 마르쉐에 갈 장보기 목록을 꼼꼼하게 적었다. 시골집에서 보내는 일주일은, 일 년 중 유일하게 '무엇을 먹을지' 고민하지 않아도 되는 휴가였다. 그 긴 세월의 호사를, 나는 그녀에게 일부분이라도 돌려주었을까.

아를레트가 커피잔 위로 손가락에 낀 반지를 만지작거리며 말했다.

"참, 가기 전에 이 반지를 빼는 걸 잊으면 안 되겠다. 결혼반지, 두 개. 하나는 올리비에, 그리고 하나는 안느가 챙겨라."

피부는 오래된 종이처럼 얇고, 손가락 마디는 굵고 단단하게 굳어있었다. 평생 손에 끼고 있던 결혼반지를 빼는 건, 이제 이곳의 시간을 내려놓는다는 마음의 의식인가 보다.

아침 식사를 마치고, 아를레트를 부축해 방으로 간다. 호텔에 미리 부탁해둔 빨간 가죽 일인용 소파에 그녀를 앉힌다. 고개를 떨군 채 한참 생각에 잠긴 그녀는, 어깨에 걸린 작은 주머니에서 핸드폰을 꺼내 건넸다.

"지금부터 아이들 전화는 받고 싶지 않다. 작별 인사도 다 했고… 아이들 목소리는 나를 너무 힘들게 할 것 같아."

나는 핸드폰을 받아 가방에 넣고 호텔 바깥에 있는 올비와 안느에게 문자를 보낸다.

[지금부터는 손주들 전화 받고 싶지 않대. 너무 힘들대.]
[알았어.]

맞은편 창에서 비치는 햇살이 눈부셨는지, 그녀는 커튼을 쳐달라고 한다. 창밖 들판의 풍경이 사라진다. 문득 내 옆에 앉은 이 생생한 존재가 곧 사라진다는 느낌이 이상했다. 존 버거는 죽음을 '벌목된 나무가 쓰러지고 난 뒤의 고요'라고 말했다. 돌연하고 영원한 정적….

그녀가 내 팔을 살짝 잡는다.

"너도 나처럼 손주를 얻고, 행복했으면 좋겠다."

그러곤 내 손등을 가볍게 두드리며, 수줍게 웃었다.

"이 말을 꼭 해주고 싶었어."

유언이라고 하기엔 어찌나 소박한지, 나도 모르게 웃

음이 났다. 아마도 그녀는, 할머니로서의 삶이 따뜻했다는 걸, 그리고 그 시간들이 충분했다는 말을 남기고 싶은 거겠지.

안느와 올비가 방에 들어선다. 안느는 다급하게 핸드폰을 들고 아를레트 쪽으로 다가서며 말했다.

"토마가 전화를 했어. 아마 할머니가 안 받으니까 나한테 한 것 같아."

아를레트는 머뭇거리다가 난처한 표정으로 말했다.

"글쎄다…. 난 그게 좋은 생각인지 모르겠구나."

그녀의 '글쎄다'가 정중한 거절이라는 걸, 모르는 사람은 없다. 하지만 안느는 아랑곳하지 않고 핸드폰 버튼을 누르며 아를레트에게로 다가선다. 나는 아무 말 없이 서 있는 올비 얼굴을 한번 쳐다보고 방을 나왔다. 곧 올비가 따라나온다.

"떠나는 사람, 마지막 부탁 하나도 못 들어주는 거야?"

내가 화를 낸다. 올비는 한숨을 내쉬며 말했다.

"그냥 둬. 모든 걸 다 조율할 순 없잖아."

저 사람, 바다 한가운데서 폭풍을 만나도 저런 말을 할까. 아를레트의 뜻을 지키려 애써봤자, 안느가 귀담아들을 사람이 아니란 걸 안다. 안느에게는 어머니의 마음의 고통보다 아들의 슬픔을 달래는 일이 더 중요했다. 올비는 아주 오래전부터 안느의 행동을 묵인하는 것이 충돌을 피하는 일이라는 걸 알았다. 나는 아무것도 할 수 없다는 무력함에 화가 났다. 마음을 가라앉히려고 호텔 산책로를 걷는다. 젖소의 목에 달린 방울 소리가 바람을 타고 들린다. 삶과 죽음에서 비켜나 있는 평온하고 단조로운 리듬이 울분과 슬픔을 조용히 다독여준다.

아를레트를 처음 만났을 때를 떠올려 본다. 아를레트가 지금의 내 나이 정도였던 것 같다. 하지만 이상하게 첫인상도 만남도 기억에 없다. 오랜 세월, 그녀는 아이들의 따뜻한 할머니였다. 지금 내가 떠나보내야 하는 존재는 늙고 병든 아를레트다. 헤어짐이 슬픈 건 단지 가족이라서가 아니라 두 존재를 밀착시킨 친근한 습관들 때문이다. 이를테면, 마른 손을 쥘 때마다 조심스럽게 손가락에 힘을 주며 고마움을 전하던, 몸이 기억하는 감각….

내가 다시 방으로 돌아갔을 때, 아를레트는 손가락에서 반지를 빼내고 있었다. 비누 거품으로 간신히 빼낸 자리엔, 세월의 자국이 뚜렷하게 남아있다. 안느는 반지 두 개를 자기 손가락에 끼면서 나를 힐끗 쳐다봤다.

시간이 흐른다. 침묵 아래, 슬픔과 긴장이 조용히 숨을 조여온다. 미셸은 불안한 듯, 아무도 대꾸하지 않는 수다를 혼잣말처럼 이어간다. 아를레트의 청력으로는, 어차피 들리지 않는 소음일 뿐이다.

째깍째깍, 시간이 간다. 마지막을 기다리는 사람에게 두 시간은 끝없이 이어지는 긴 터널 같다. 병원 대기실에 앉아 자기 이름이 불리기를 기다리는 사람처럼, 모두 그 자리에 그대로 앉아 침묵을 견딘다. 아를레트는 말없이, 고개를 떨군 채 앉아있다. 내가 그녀의 귀에 대고 말한다.

"우리, 샴페인 한 잔 할래?"

아를레트가 화들짝 반긴다.

"그거, 좋은 생각이지!"

안느가 신경질적으로 한숨을 내쉬었다. 담배 한 개비, 와인 한 잔은 사형수에게도 허락된 마지막 배려였다. 안느의 모든 사보타주조차 이제 얼마 남지 않은 시간이다. 나는 주차장으로 달려가, 밤새 차 안에 있던 차가운 샴페인을 들고 돌아온다. 아를레트에게 샴페인 잔을 보여주면서 말했다.

"봐봐. 다른 건 몰라도, 우리가 샴페인만큼은 종이컵에 마실 수 없잖아."

아를레트가 손을 머리 위로 치켜세우며 말했다.

"넌 최고 중에도 최고지."

다섯 개의 잔이 채워진다. 건배사를 대신해 내가 잔을

치켜들고 조금 큰 소리로 말한다.

"자. 지금부터는 아를레트가 알아들을 수 있게 한 사람씩 또박또박 큰 소리로 말하자."

그리고 말을 잇는다.

"이를테면, 아를레트가 해준 잊을 수 없는 요리, 더 늦기 전에 레시피를 받아내는 건 어떨까?"

"너무 좋은 생각이야."

미셸이 웃으며 맞장구를 친다. 아를레트가 소리 내어 웃는다.

올리비에의 카나르 아 로랑주, 안느의 불레트, 미셸의 토마토 파르시. 기억 속의 맛을 떠올리면서 함께했던 시간이 다시 살아난다. 그녀가 만든 음식이 인생 요리였다는 말은, 그녀와 보낸 시간에 대한 찬사다. 아를레트가 느릿느릿 레시피를 쪼개준다. 레시피를 적는 일은, 당신이 사라지지 않고 우리 안에 살아남을 거라는 마음의 표현일 것이다.

샴페인 거품과 웃음이 섞이면서, 이별의 고통은 잠시 미뤄진다. 죽음 앞에서 삶의 조각들을 이어붙이며 향긋한 순간을 떠올릴 수 있는 건, 어쩌면 이런 특별한 이별이 허락한 축복이다. 샴페인 잔이 거품처럼 피어오르고 사라진다. 우리는, 살아있는 이 짧고 반짝이는 순간을 마신다.

텅 빈집

 호텔에서 나올 때, 햇살은 사라지고 하늘은 잿빛으로 변해 있었다. 협회는 호텔에서 자동차로 10분 거리에 있다고 했다. 아를레트는 아들의 팔을 잡고, 다른 손에는 지팡이를 꼭 쥔 채 천천히 차로 걸어간다. 마른나무 가지처럼 휜 그녀의 등, 두 사람의 시선은 나란히 땅을 향한다.

몽테뉴가 말했다. '자연은 죽음에 일부러 쓸쓸함을 섞어놓았다. 분별없이 덥석 받아들일까 봐.' 옆좌석에 앉은 아를레트에게 안전벨트를 채워주다가 몇 시간 뒤 이 자리가 빈 채 파리로 돌아갈 거라는 생각이 스친다. 앙상한 그녀의 팔을 어루만진다.

협회까지는 10분도 채 걸리지 않았다. 차는 간판도, 표지판도 없는 회색 건물 앞에 멈췄다. 창고인지 물류센터인지, 무심한 외벽은 안락사에 반대하는 단체나 사람들의 위협을 피하려는 은신처처럼 보였다. 우리가 보는 건 보통의 일상에서 흔히 볼 수 있는 풍경이 아니다. 나는 그녀를 부축하고, 무겁고 육중한 문을 밀고 들어선다.

천장이 높고 넓은 실내는 뜻밖에도 집처럼 아늑한 분위기였다. 협회 직원 세 사람은 모두 여자다. 프랑스어를 유창하게 하는 한 직원이 자기소개를 한다. 친절이 과하지도 덜하지도 않아서 사려 깊은 인상을 준다.

우린 커다란 테이블에 둘러앉았다. 프랑스어를 맡은 직원이 간략히 정리된 아를레트의 생애를 낭독한다. 원고는 아마 올비의 손일 것이다. 죽음을 앞둔 시간, 행정 의례처럼 요약문으로 읽히는 한 생은 숨결이 빠진 듯하다. 이제부터 죽음은 실존의 문제가 아닌 실무 절차다. 직원이 부드럽고 또렷하게 설명을 마친 뒤 마지막으로 조력사를 원하느냐고 묻는다. 아를레트는 망설임 없이 답한다.

"위^{Oui}."

'예'라는 짧은 단어는 고통을 끝내겠다는, 간절하고 단호한 수락처럼 들린다.

아를레트가 조심스레 침상으로 마지막 걸음을 옮긴다. 신발을 벗고 의료침대에 앉았다. 간호사는 가벼운 말과 미소로 그녀의 긴장을 풀어준다. 주삿바늘이 팔에 연결된다. 두려움이 스며들 틈을 막아주는 듯한 다독이는 말투,

섬세한 손길이다.

"준비가 되었습니다."

이제 마지막 인사를 해야 한다. 침상에 앉은 그녀를 팔에 안는다. 어쩐지 아를레트가 나를 안는 것 같은 기분이 든다. 주체할 수 없이 눈물이 왈칵 쏟아지고 만다.

"울지 마라."

그녀의 목소리가 갈라진다.

"네가 울면 내가 힘들다."

빨갛게 달아오른 그녀의 뺨 위로 눈물이 흘러내린다. 그녀가 말했다.

"알지? 우리가 널 얼마나 사랑하는지."

마지막 순간, 돌아가신 시아버지를 소환해서 사랑으로 내 슬픔을 다독여준다. 눈물이 흐르는 그녀의 뺨에 마지막 비주를 한다. 손을 한번 꽉 잡아주고 그곳을 빠져나온다. 올비가 아를레트의 어깨를 잡는다.

몇 년 전, 아를레트는 내게 말했다.

"가족들은 임종을 지키는 걸 중요하게 생각하지만, 그 순간이 그렇게 아름다운 것은 아니란다. 난 그 모습이 나의 마지막 모습으로 기억되는 걸 원치 않아."

나는 그녀의 마음을 존중하고 싶었다.

대기실 의자에 앉았을 때, 그녀가 방금까지 앉아있던 자리에 지팡이가 보였다. 신발도 지팡이도 햇살도 이제 그녀의 것이 아니다. 내가 현비를 출산했던 날이 떠오른다. 아를레트는 장미를 담은 화병을 들고 병원에 왔다. 그리고 아이를 한번 안아보고는 아무 말 없이 병원을 떠났다.

그녀는 이제 나와 아무 약속도 없다. 다시 볼 기회도, 말도 없다. 사라진다는 건 그런 것이다. 누구의 시간에도 더는 포함되지 않는 일. 나는 자꾸만 그녀의 자리를 바라본다. 햇살이 천천히 의자에 스며든다. 인간이 죽는 순간, 정말 영혼의 무게 35그램이 빠져나가는 걸까.

협회 직원이 다가와서 조심스럽게 말했다.

"네. 끝났어요."

"참. 아주 결정적이신 분이셨어요. 밸브를 여는 데 30초도 걸리지 않았어요. 마지막 인사 하실 거죠?"

그녀는 목요일 오후, 거실 한쪽 팔걸이의자에 앉아 오디오북 헤드폰을 낀 채 꾸벅 잠든 모습 그대로였다. 다른 것이 있다면 영원히 깨지 않는 잠이다. 끝내 편안하게 몸을 눕히지 못한 모습에 눈물이 났다. 하지만 고통을 주던 병든 몸은 이제 텅 빈집으로 남았다.

존재에서 비존재로의 변화는 떠들썩하지 않다. 어찌나 가벼운지, 턱 없는 문을 지나치듯 조용하다. 내 팔에는 아직 손아귀의 감촉이 남아있고 귀에는 그녀의 목소리가 또렷한데 그녀는 더 이상 존재하지 않는다. 죽음이 아니라, 살아있음이 실감 나지 않는다.

그녀의 손을 잡는다.

"안녕… 아를레트."

아직 따뜻한 이마에 입을 맞춘다.

그녀라는 세계가 끝났다.

존엄과 맞바꾼 죽음. 그녀를 통해 살았던 내 존재의 일부도 함께 떠나보낸 것 같다.

문득, 그녀를 통해 나의 죽음을 본다.

부재와 존재

잠은 좋은 것이다. 하지만 그보다 더 좋은 것은 죽음이다.
- 하이네

아를레트를 보낸 뒤, 스위스에서 쉬지 않고 여덟 시간을 달려 파리로 돌아왔다. 아침에 눈을 떴을 때, 헤어진 꿈을 꾼 것 같았다. 스위스에서 화장된 유골이 돌아오기까지는 한 달이 넘게 걸린다고 했다. 낯선 병실에 시신을 두고 온 탓일까, 상실조차 제대로 느낄 수 없는 은밀하고 부조리한 이별 탓이었을까. 그녀가 없는 집에 가서 빈자리를 눈으로 확인해야 비로소 죽음을 받아들일 수 있을 것 같았다. 허둥지둥 운전해서 그녀의 집으로 향한다. 한 세계가 사라졌는데, 라디오에서는 노래가 나오고, 아무 일도 없는 듯 거리에는 가을 햇살이 가득하다. 프랑스 갈France Gall의 노래 가사가 떠오른다.

'우리는 여전히 춤추고, 한때 사랑했던 선율에 맞춰 웃지만, 더 이상 예전처럼은 아니지.^{Bien sûr, on danse encore Sur les accords qu'on aimait tant Bien sûr, on rit encore Mais pas comme avant.'}

죽음은 결국, 살아있는 사람만이 겪는 일이다.

거실엔 아직 그녀의 체취가 남아있다. 스위스에서 가져온 그녀의 지팡이와 가방을 의자 옆에 조심스럽게 내려놓는다. 이젠 더 이상 누군가의 것이 아닌, 빈손의 감각만 느껴진다. 낮은 탁자 위에 텅 빈 껍질처럼 벗겨진 리더기와 헤드폰은 그녀가 아무것도 가져갈 수 없는 곳으로 떠났다는 것을 말해준다. 벽에 걸린 아이들의 자랑스러운 그림 액자는 마치 고아처럼 걸려있다. 집안의 물건들은 하루 만에 주인 잃은 유물로 변하고 있는 중이다. 우린 이렇게 사라지는가 보다.

침실로 들어가 창문 커튼을 젖힌다. 덧창을 열어 햇빛을 들인다. 평소처럼 깨끗하게 정리된 침대가 드러난다. 오랜 세월, 시골집에서조차 그녀의 흐트러진 침대를 본 적이 없다. 단정한 이부자리는 단지 습관이 아니라, 아무리 고통스러워도 자신을 흩뜨리지 않겠다는 결심, 누구의 손도 빌리지 않겠다는 그녀의 자존이었다.

나는 침대를 한참 바라본다. 거실 한쪽, 그녀가 늘 앉아있던 팔걸이의자, 고통스러운 몸을 눕히지 않고 앉아서 견뎠던 불면의 밤들. 그녀는 없다. 그리고 그녀의 고통도 함께 사라졌다. 사람들은 말한다. 죽은 자에게 평온 같은 건 없다고. 하지만 매 순간 고통으로 숨 쉬던 육체였다면 그 육체가 사라졌다는 건, 고통의 끝이라고 믿고 싶다.

상실의 크기는 함께한 시간, 존재의 무게다. 부재는 '있던 자리'에서 느껴진다. 나는 그 자리를 하나하나 사진에 담는다. 지금 나에게 유일한 위안은, 시간에 훼손되기 전 그 기억을 붙잡아두는 일이다.

사고로 손가락이 잘려도, 마치 그대로 붙어있는 듯한 감각이 남는다고 한다. 맞다. 애도는, 우리가 사라진 몸을 그리워하는 일이다.

청개구리의 울음

　　목요일 아침, 마르쉐가 열리는 소리가 들리지만 오늘은 장 보러 나갈 일이 없다. 아를레트를 위해 장을 봐 저장해두던 냉장고는 이제 헐렁해졌다. 남겨진 사람의 시간은 느슨해진다. 오후에 마시던 샴페인도, 그녀의 웃음도, 목소리도 사라졌다. 마음 한편도 함께 텅 비워진다.

　　상실은 지극히 개인적이다. 누군가에겐 부모보다 반려동물의 죽음이 더 깊은 슬픔일 수도 있다. 관계의 결이 다르듯, 각자 다른 슬픔을 안고 살아간다는 면에서 인간은 철저히 타인이다.

　　안느는 어린 시절, 어머니가 오빠를 더 사랑했다고 했다. 사랑과 관심이 파이조각처럼 나눌 수 있는 것일까? 어쨌든 그녀가 느낀 상처는, 그 편애가 실재했는지보다 더 중요했다. 모든 결핍이 불행으로 이어지는 건 아니지만,

응당 받았어야 하는 사랑의 허기는 쉽게 사라지지 않았다. 기질로 굳은 결핍은 자신에게서 벗어날 수 없기 때문에 신파적이다.

시어머니가 세상을 떠난 다음 날, 안느는 챙겨두었던 어머니의 결혼반지를 올비에게 주지 않고, 이모 미셸에게 건넸다. 그 사실을 뒤늦게 알고 올비는 분노했다. 안느는 어머니 유언을 따르기보다, 끝내 손에 넣지 못했던 사랑을 기억했다. 반지도, 결핍에서 생긴 상처도, 그렇게 온전히 그녀의 것이 되었다.

청개구리 우화는 단순히 반항의 대가처럼 읽히지만, 어쩌면 삶의 중요한 선택 앞에서 끝내 길을 찾지 못하는, 미성숙한 자아에 대한 은유일지도 모른다. 청개구리는 비가 올 때마다, 생전에 뜻을 거역했던 어머니 무덤이 떠내려갈까 봐 운다. 그러나 인간 세계의 청개구리들은 울지 않는다. 그들의 서사에는 후회가 없다. 반성과 회한은 너무 복잡하고 고통스럽기 때문이다. 후회는 늘, 내가 했어야 했던 일들로 나를 데려간다. 말하지 못했던 말들, 외면했던 순간들, 보고도 모른 척한 무관심. 그래서 사람들은 자기 연민이라는, 더 쉬운 감정으로 도망친다.

애도를 위한 의식보다 중요한 건 생전의 시간이다. 코빼기도 안 비치던 자식이 장례식장에서 고개를 조아린다고 해서 무심한 시간이 되돌아오지 않는다. 죽음은 말할 수 있을 때 말해야 하고, 함께 있을 수 있을 때 함께 있어야 한다는 것을 일깨워 준다. 우리가 간직해야 할 건 어머니의 결혼반지보다 살아있는 순간에 건네고 나눈 말들이다. 고맙다, 사랑한다는 말. 소중하다고 느끼는 찰나들. 모든 것은 결국 사라진다.

슬픈 건 고독한 죽음이 아니다

E에게서 전화가 왔다. 이상하게 목소리가 가라앉아 있다.

"그래도 언니 시어머니는 운이 좋은 사람이야. 슬프기도 하지만 부러워."

"뭐가?"

E는 잠시 말을 멈추더니, 갑자기 울먹이며 말했다.

"난 시어머니 죽음을 보면서 어쩔 수 없이 내 끝을 상상하게 돼."

참았던 울음이 터지고 만다.

"난 시어머니처럼 곁에 있어 줄 가족도 없잖아."

나에게는 조력사가 '자유 죽음'이라는 의미지만, 친구에게는 '조력'에 방점이 찍혔다. 그녀의 슬픔은 독신이라는 자신의 존재 형태다.

"무슨 말인지 알겠어. 그런데 내가 지금 널 위로해야

하다니…."

친구는 미안한 듯 웃는다. 종종 아무렇지 않게 혼자 여행을 떠나는 그녀에게도 죽음이라는 여행에서 혼자인 것은 그토록 힘든가 보다.

어머니도 때때로 고독사를 걱정하신다. 혼자 있을 때, 죽는 것이 싫다고 한다. 나는 그런 말을 들을 때마다 마음속으로 중얼거린다.

"엄마. 모든 죽음은 고독사야."

자기의 죽음은 알 수 없고, 모든 죽음은 결국 타자의 것이다.

오래된 이야기가 떠오른다. 지인이 센 강 퐁네프 다리에서 우연히 어떤 남자를 만났다. 멋지게 차려입은 남자는 주머니에서 와인을 꺼내 보이며 같이 마시자고 했다. 돈 없는 화가였던 지인에게는 이름만 들어본 적 있는 기막힌 와인이다. 여름밤, 두 남자는 다리 난간에 걸터앉아 강물을 내려다보며 와인을 비웠다. 병이 바닥을 보이자, 남자가 지인을 붙잡고 말했다.

"지금 죽을 건데 외로워서 그래. 같이 뛰어내리자."

지인은 졸지에 동반자살 당하지 않으려고 필사적으로 난간을 붙잡고 버티며 소동을 피우다 출동한 경찰에 구조

되었다.

스위스에서 검시관을 기다리던 중 협회 직원이 말했다.

"이곳에 오는 사람들은 다양해요. 가족과 친구들을 데리고 와서 떠들썩하게 축제 분위기처럼 떠나는 사람도 있고, 혼자 오는 사람도 있어요. 그런 사람들은 신원확인 절차를 위해 죽기 전에 치아 파노라마 사진을 찍어두어야 해요."

그녀는 고개를 가로저으며 덧붙였다.

"하지만 그건 추천하고 싶지 않아요."

죽음은 순간이지만, 삶은 과정이다.
슬픈 건 고독한 죽음이 아니다.
어쩌면 외로운 삶이다.

기억의 정원

　　　　　오래전 교통사고로 아들을 잃은 뒤, 몇 년 동안 아들의 방을 정리하지 못했던 한 남자를 기억한다. 방을 정리한다는 것은 아들을 스스로 떠나보내야만 하는 고통이었기 때문이었다. 애도는 망자를 놓아주지 못하는 마음에서 비롯된다. 망자의 공간에서 함께 쌓였던 시간을 떠나보내는 일 또한 애도의 과정이다. 할머니의 임종을 지켜보지 못한 현비와 모르방 시골집으로 여행을 떠난다. 시아버지가 돌아가시고 난 뒤, 꼭 4년 만이다.

　르그랑 가족의 시간이 층층이 쌓인 모르방 시골집은, 마치 시할머니의 괘종시계처럼 시간이 그대로 멈춘 듯하다. 50년의 세월, 집주인의 존재 방식은 가구와 집안 구석구석에 고유한 향으로 남는다. 마음의 기둥이 사라진 집, 벽난로에 장작불을 피워도 스며든 냉기는 좀처럼 사라지지 않는다. 한 시대가 끝날 때 느끼는 서글픔이란, 아마 이런 것인가 보다.

죽음과 쇠락이 연상되어 이곳에 발을 딛고 싶지 않은 올비의 마음을 이해할 수 있다. 그에게는 도망치고 싶은, 결코 상속받고 싶지 않은 과거다. 하지만 현비에게는 다르다. 붙들고 싶은 기억이다. 나는 그 사이를 몇 번이나 오간다.

우리는 늦가을 산책로, 들판, 호숫가, 눈이 닿는 곳마다 스치는 이야기들을 찬찬히 마음으로 어루만진다. '정든 공간과의 이별'은 내 마음의 일부분을 함께 떠나보내는 일이다. 개구리 산책로를 내려오다가 현비에게 말한다.

"이제 이 챕터를 넘기고 우리 이야기를 새로 쓰자."

현비가 고개를 끄덕인다.

늦은 오후, 시아버지의 유골을 뿌렸던 강가로 향한다. 강물은 은빛으로 반짝이고, 선선한 바람이 지난다. 강가에서 낚시를 하는 아이들이 등지고 서있다. 죽음을 '떠남'이라고 부르지만, 어쩌면 그것은 '흩어짐'이다. 흙으로, 물로, 공기로, 기억으로. 존재는 사라지는 것이 아니라 분해되어 세상 곳곳에 남는다. 언젠가 나 역시 그렇게 흩어질 것이다. 죽음은 끝이 아니라, 기억과 삶의 방식으로 남는다. 나도 그렇게 세계의 일부로 돌아가는 것이다. 강가를 거닐며 조곤조곤 이야기를 나눈다. 현비가 말한다.

"나는 할머니가 마지막까지 자신이 뭘 원하는지 알았다는 것이 대단하다고 생각해. 더 대단한 것은 그런 선택을 실행할 수 있는 용기이고…."

아이는 4년 전, 할아버지를 떠나보낼 때보다 훌쩍 컸다. 죽음을 삶의 일부로 받아들이고, 슬픔을 견디는 감정 근육이 더 단단해졌다. 문득, 기억이 쌓인 장소에서 이별을 받아들이고 슬픔을 다독일 수 있다는 것만으로도 이곳에 오길 잘했다는 생각이 든다.

잠자리에 들기 전, 정원에 나와 별을 본다. 부서져 쏟아진 듯한 별들이 밤하늘을 가득 메운다. 우리가 지금 바라보는 것은, 이미 수천 년 전에 사라진 별빛이다. 어쩌면 그 사실이 이 밤하늘을 더 신비롭게 만든다.

내가 현비에게 말한다.

"엄마는 한국에 가. 할머니 유골이 뿌려지는 날엔 없을 거야."

"괜찮겠어?"

아이가 걱정스럽게 묻는다.

"응. 너 아니? 난 할머니를 잘 보내드렸다고 생각해. 후회 없어."

"엄마가 자랑스러워."

문득, 아이가 저만치서 내가 성장하는 모습을 지켜보는 것 같다.

스위스에서 시어머니의 유골이 도착하는 대로, 페르라셰즈 묘지 '기억의 정원'에 뿌려질 예정이다. 하지만 그녀는 이미 내 마음속, 기억의 정원에 뿌려졌다.

벗어날 수 없는 꿈

올비와 저녁을 먹고 있다. 문득, 내가 없는 한 달 동안 그가 혼자 저녁을 먹을 텐데, 적적하겠다는 생각이 든다.

"넌 내가 보고 싶을 것 같아?"

시치미를 떼며 묻는다.

"너? 아니, 난 네가 항상 보고 싶어."

"뭐?"

"94년, 95년의 네가…."

"그러니까 그때의 내가 아니라는 말이지?"

"내가 어린 단비를 항상 그리워하는 것처럼…."

변명처럼 얼른 덧붙인다.

"그녀는 이미 떠났어. 잊어버려."

저녁 인사를 하고 나간 올비가 잠시 후 방문을 살짝 열고 말한다.

"그래도 좀 아름다운 거 아닌가, 항상 그리워한다는 건?"

"아름답긴, 칫…."

나는 투덜거린다.

몇 해 전, 그는 자기 시간을 주고 내가 다시 젊어질 수 있다면 그러고 싶다고 했다. 마치 장기를 기증하듯 말이다. 사랑하는 존재가 변해 간다는 사실, 그 변화가 자신이 사랑했던 존재로부터 점점 멀어지게 만든다는 불가역적인 변형의 두려움일까. 하지만 세월은, 성찰과 감당할 능력도 함께 준다. 관계의 평온함, 서로를 살피는 시선. 이를테면 혼자 남겨질 남자를 걱정하게 되는 건, 30년 만에 처음 있는 일이다.

나는 사람들 사이에 줄을 서있다. 한쪽 줄은 과거로 돌아가는 줄, 또 다른 줄은 처음부터 다시 사는 줄이라고 한다. 내가 선 줄이 어느 쪽인지는 알 수 없다. 감옥에 끌려가는 사람처럼 뒤를 돌아보며, 어떤 여자에게 외친다.

"난 다시 살기 싫어요."

그녀도 고개를 끄덕이며 그렇다고 말한다. 하지만 난 그 자리에서 꼼짝할 수 없다는 걸 알고 있다. 내 차례가 오고, 누군가 말한다.

"이제 과거로 돌아갈 거예요."

숫자가 바뀐다.

'1994. 94년이라면 언제지?'

뭔가를 떠올려보지만 아무것도 떠오르지 않는다.

한 남자가 내 머리에 이상한 장치를 씌운다.

"그냥 몇 년만 더 살 거예요…"

프로그래머처럼 보이는 그는 뭔가 잘못된 걸 눈치 챈 듯, 얼버무리며 말한다. 나는 이미 늦었다는 걸 직감한다.

낯선 도시 대로 한가운데 내가 서있다. 아주 조금, 젊어졌다는 걸 눈치 챈다. 비가 쏟아지고 있다. 현재의 기억을 가진 채 과거를 살아야 한다니. 그런데 여긴 어디지?

'독일이면 어쩌지… 난 독일어는 배우고 싶지 않아.'

차들이 빠르게 지나간다. 칠 것처럼 위협적이다. 처음 보는 자동차 모델들이다. 프랑스도, 한국도 아니다. 낯선 곳에서 나는 어디로 가야 하는가.

어떤 건물 안으로 들어선다. 연극 공연이 한창이다. 멀리 사람들 사이에서 올비의 모습을 발견한다. 그는 나보다 훨씬 젊다. 과거가 되살아난 것이 아니라, 난 한 번도 살아보지 못한 '처음의 과거' 속에 있다. 우리는 여전히 부부이고, 친구 로즈의 집에 초대받는다. 성대한 파티. 낯선 얼굴들. 로즈와 아르노만이 익숙하다. 그런데 그들의 둘째 아이는 지금의 마일리스가 아닌, 아르노를 닮은 갓난아기다. 모든 것이 조금씩 어긋나 있다.

돌아오는 길, 길바닥에서 내 부고가 실린 신문을 본다.

"어머… 내가 죽었대."

핸드폰을 꺼내 신문을 찍는다.

결코 자신에게서 벗어날 수 없는 꿈. 죽음은 무의식의 뒤를 그림자처럼 따라다닌다.

떠나는 연습

　　열세 시간을 비행기로 날아가는 일. 공간을 이동한다는 것은, 상실의 슬픔을 잠시 벗어놓는 일 같다. 먼 곳으로 여행을 떠나기 전 컴퓨터와 카드의 비밀번호를 꼼꼼히 적어 단비에게 넘겨주고, 평소 미뤄두었던 서랍까지 비우고 정리한다. 아마 이런 습관이 생긴 건 암 투병 이후였던 것 같다. 다시 돌아오지 않을 상상을 하며 마치 유언장을 쓰듯 집을 정리하면, 이상하리만치 마음이 가벼워진다. '떠난다'는 것은 단순히 공간을 옮기는 일이 아니라, 내가 머물던 세계의 무게를 비우고 가볍게 떠나는 연습 같다.

　저녁 비행기를 기다리며 공항 라운지에서 와인 한 잔을 하고 소노 산타크로체^{Mona Sono Santacroce}의 마지막 시를 읽는다.

거기 서있지 마, 네 머리카락이 희끗해져 가는 채로.
곧, 바다가 너의 작은 섬을 삼켜버릴 거야.
그러니, 아직 시간이 남아있는 듯한 착각이 들더라도,
다른 해변으로 떠나가.
가방을 챙길 필요는 없어.
그걸 배에 싣고 갈 수 없을 테니까.
네가 모은 것들을 모두 내어줘.
새로운 씨앗 몇 개와 낡은 지팡이 하나만 가져가.
출항하기 전에 바람에 기도를 띄워 보내.
두려워하지 마.
누군가 네가 오고 있다는 걸 알고 있어.
한 마리 더 잡은 물고기는 이미 소금에 절여졌어.

이 시는 떠남을 가만히 기다리지 말고, 이미 시작된 '마지막 항해'를 향해 조용히 걸어가라고 속삭이는 것 같다.

비행기에서 영화를 본다. 예순여섯에 155킬로미터 마라톤 수영을 완주하기 위해 며칠 밤낮을 잠도 자지 않고 쿠바 해협을 건너는 여자의 실화를 그린 이야기다. 정작 죽음 앞에서 우리가 후회하는 것은 섬세하고 깊이 살아내지 못한 순간들이지, 눈부신 업적이나 기록이 아닐 것이다. 한계와 싸우는 삶, 기록을 세우려는 도전, 그런 치열함이 이제는 그리 눈부시지 않다. 나를 위해서든, 타인을 위해서든 너무 애쓰며 살고 싶지 않다.

며칠 전 친구 로즈의 말이 떠올랐다.

"내가 하는 일이 싫어. 아무런 비전도 즐거움도 없어. 그 생각이 마음을 무겁게 짓누를 때가 있어. 그러면 어떻게 하는 줄 아니? 더 미친 듯이 일을 해. 그렇게 난 허탈함을 잊는 거야."

인간이 자신에게조차 소외되는 이유는, 멈추고 존재하는 능력을 잃어버린 데 있는지도 모른다. 어떤 침묵은 텅 빈 것이 아니라, 답으로 차 있다. 이겨내는 것보다 느긋해지는 것. 나이가 들면서 소리에 둔해지더라도 고요를 들을 줄 아는 것. 우리는 얼마나 자주 고요함 속에 머물러 본 적 있던가.

창문 너머로 펼쳐진 구름바다를 본다. 이 생은 무엇을 남길지가 아니라, 얼마나 가볍게 떠날 수 있는지를 묻는 여정 같다.

아버지의 전화번호

아버지의 유골이 모셔진 납골당에 간다. '천국의 문'이라는 이름의 납골당은 대리석으로 반짝인다. 아버지의 생전 모습이 떠오른다. 하얀 모자, 반짝이는 구두. 그는 정말 천국의 문을 열고 들어가셨을까….

커다란 방, 투명 사물 칸에 유골함이 놓여있다. 6개월 만에 고급 진열장 속, 뼛가루가 담긴 유골함으로 마주하는 아버지. 그의 죽음은 여전히 낯설고 비현실적이다. 작은 명패와 사진, 인조 꽃이 사이사이에 끼워져있다. 유골함 앞에는 평소 차고 다니던 대통령 기념 시계가 있고, 그 옆엔 잔뜩 멋을 부린 동반자와 함께 포즈를 취한 사진이 놓여있다. 젊고, 자신감에 찬 표정이다. 이곳은 '살아남은 이들'의 기억과 슬픔을 전시해놓은 것 같다.

내게 아버지는 부재의 시간이 너무 길어, 이 죽음은 '끝'이라기보다 예정된 정적처럼 느껴진다. 말년, 그는 가벼운 뇌출혈을 겪었고 말이 없었다. 언어를 잃은 그의 표정은 조금 슬퍼 보였다.

마지막으로 아버지가 내게 말을 했던 건 몇 년 전이다. 전화 너머의 목소리였다.

"어떠세요?"

내가 물었다.

"죽지 못해서 산다."

그 말을 들으면서 마음속으로 중얼거렸다.

'아버지, 그건 누구의 탓도 아니에요.'

시어머니는 고통받는 육체가 타인에게 짐이 되는 삶을 받아들이지 않았다. 그것은 그녀가 선택한 존엄의 방식이었다. 아버지는 스스로 책임지지 못한 삶이 존엄을 잃는 일이라는 것조차 알지 못했다. 한국에 들어올 때마다 아버지를 만났던 건, 돌아가신 뒤 후회할까 봐 두려웠던 마음이 컸기 때문이다. 지금 내 마음에 후회는 없다.

존재를 보내는 건 슬프지만, 관계의 죽음은 훨씬 더 고통스럽다. 준비된 죽음이든 아니든, 결국 사람은 살아온 대로 죽는다. 어리석은 사람은 어리석게, 단호한 사람은 단호하게. 죽음의 순간은 우연이지만, 죽어가는 과정은 삶의 그림자다.

집으로 돌아가는 길, 핸드폰에서 아버지의 전화번호와 시어머니의 전화번호를 함께 지운다. 아버지의 번호는 이미 오래전부터 죽어있었다. 각자 맺은 관계가 다른 것처럼, 상실에서 오는 슬픔도 다르다.

나는 아버지의 삶을 미화하지 않고 그 몫으로 남겨둔다. 하지만 정작 슬픈 건, 붙들고 싶은 기억조차 남겨주지 않은 그의 허전한 생이다.

어머니와 나

어머니의 아파트는 양쪽 창으로 햇살이 잘 든다. 한국을 떠난 지 서른 해가 넘었지만, 여전히 그리운 건 이 겨울 햇살이다. 밍크 담요를 덮고 눈 쌓인 바깥을 바라보며, 어머니가 구워준 호박고구마를 까먹는다. 이런 천국이 또 있을까 싶다.

베란다는 작은 식물원처럼 화초로 가득하다. 화초들은 어머니 곁에서 잘 자란다. 계절마다 꽃을 피워 어머니를 기쁘게 한다. 어쩌면 수십 년 키운 자식보다 낫다. 아침이면 어머니는 원두를 갈아 커피를 내려준다. 물맛인지 손맛인지, 어머니 커피는 참 맛있다. 커피를 마시던 중, 양손을 흔드는 어머니를 보고 놀란다.

"왜 그래?"

"좋아서… 딸이랑 아침 먹는 게."

매일 아침, 파리에서 사온 달걀 삶는 기계를 사용하면

서 행복해하는 여든여섯의 어머니. 감동하는 능력만 보면 어머니는 청춘이고, 나는 노인 같다.

어머니가 말한다.

"매실액을 담그려다 생각했단다. 보통 20킬로 담그면 6년은 먹거든. 근데 그걸 다 먹을까 싶어서⋯ 이번엔 10킬로만 담갔지. 요즘 그런 생각을 자주 하게 돼."

'엄마, 나도 그래.'

물론, 마음속으로만 중얼거린다.

지하철을 타러 가는 어머니에게 묻는다.

"근데 왜 일산역까지 걸어가?"

"거기가 종점이라 자리를 잡을 수 있거든."

"노인석이 있잖아."

"노인석이 꽉 차면 서서 와야지. 일반석 앞에 서있으면 눈치가 보여서, 나는 그냥 문가에 서."

"어머, 사람들이 자리 안 비켜줘?"

"비켜주는 사람도 있어. 근데 요즘 애들은 대부분 안 그래. 자기들도 힘들겠지."

"동방예의지국에서?"

"파리에선 할머니들이 비키라고도 한다며? 근데 뭐, 누가 지들더러 나이 먹으라고 했니. 나이 먹는 게 난 좀 미안하더라. 젊은 애들도 피곤하지. 셋이서 노인 하나 부양한다잖아."

"그럼 그냥 참아?"

"며칠 전엔 어떤 여자가 괜찮다고 하면서, 자긴 금방 내린다며 자리를 비켜줬어. 내가 미안할까 봐 일부러 멀찍이 떨어져 가더라. 그런 사람도 있긴 해. 아주 가끔."

시어머니는 친구도 없고, 취미 같은 걸 가져본 적도 없다. 어머니는 일주일에 세 번 1킬로미터를 걸어 경의선을 타고 가 아쿠아 체조 수업을 받고 친구들과 점심을 먹는다. 그들 중에는 먼저 세상을 떠난 이도 있고 치매에 걸려 누워있는 이도 있다. 한국 노인들은 체력이 허락하는 한, 우두커니 집에서 시간을 보내지 않는다.

커피를 마시자마자 어머니는 교회에 간다.

"조심해. 낙상하지 마."

"뭐, 콱 죽는 거지 뭐."

"콱 죽지 못하거든. 조심해."

생각해 보면, 20년 전의 어머니보다 지금의 어머니가 나와는 더 잘 맞는다. 내 안의 '엄마'라는 존재가, 이제는 늙은 엄마를 돌보고 품을 수 있기 때문이다. 인간은 태어나 서른 해쯤 정신없이 살고, 20년 남짓 누군가를 사랑하며 자기 자신을 배운다. 그리고 늙은 부모를 돌보고 떠나보내며, 마지막으로 성장한다. 어쩌면 우리는 그렇게 얻은 밑천으로, 남은 생을 살아가는지도 모른다.

혼수 그릇 세트

어머니가 점심을 먹다 말고 기억을 떠올린다.

"오래전에 너희 집에 갔을 때 말이다. 너희 신랑이 조용히 일어나, 소리 안 나게 아침을 챙겨 먹고 출근하더라. 그러고는 매일 여섯 시에 퇴근해서 아이들을 돌보고…. 그걸 보며 '참, 이런 세상도 있구나' 싶었지."

잠시 뜸을 들이고 한숨을 쉰다.

"너희 아버지는… 아이들이 어느 대학에 갔는지도 관심 없던 양반이야. 그 시절을 생각하면…."

나는 말한다.

"1930년대에 태어난 한국 남자랑 프랑스 남자를 비교하는 건, 출발선이 다른 선수들이 달리는 걸 보는 거랑 같지."

위로하듯 말했지만, 시대를 이해한다고 해서 살아온 인생이 달라지지는 않는다.

"난, 인생을 잘못 살았다."

어머니는 쓸쓸하게 말했다.

어머니의 말에는 '다른 길을 볼 수 없었던 나', '내가 몰랐던 나', 그 무지에 대한 후회가 묻어있다. 내가 덧붙였다.

"무슨 선택이 있었겠어. 탈출을 못 한 게 아니라, 탈출구가 없었던 거지."

수용할 수도, 포기할 수도 없었으니 어머니는 불행했다.

"엄마 알아? 요즘 같은 시대에도 많이 배우고 경제적 능력을 갖췄어도, 남자 그늘이 필요해서 불행을 참는 여자들이 있어. 더구나 그 시대엔…."

정작 어머니가 후회하는 것은 되돌릴 수 없는 과거가 아니다. 그 과거가 덧칠해 만든 지금 이 시간이다.

식탁을 치우고 설거지를 하다, 그릇 사이에 놓인 하얀 도자기 접시를 알아본다. 스물다섯 무렵, 결혼 적령기라고 생각한 어머니가 나를 주려고 사두었던 혼수 그릇 세트다. 기억해 보면 집안의 어른이었던 사촌오빠는 내가 스물여덟에 유학을 떠난다고 했을 때, 다시 돌아오면 나이가 너무 많아 초혼남과 결혼할 수 없다고 반대했다. 겨우 서른 해 전의 일이다.

나는 결국 유학을 떠났고, 어머니는 용도가 사라진 그

릇 세트를 꺼내 쓰셨다. 그릇들은 하나둘 깨지고, 지금은 조그만 접시 몇 개만 남았다. 가장자리에 파란 꽃무늬가 그려진 접시는 마치 레이스 달린 침대 시트처럼 내 취향과는 전혀 어울리지 않았다.

문득 생각한다. 이 혼수 그릇과 함께 시작될 수도 있었던 나의 삶은 어떤 것이었을까. 타임머신을 타고 과거로 돌아가 자신을 만나는 일이 불가능한 것처럼 지금의 내가 아닌 나의 인생을 상상한다는 것도 불가능하다. 인생은 무수한 우연과 필연의 변주곡이다. 어머니는 혼수 세트의 주인이 자신이 될 줄 몰랐고, 나도 지금의 나를 그려본 적 없었다.

개수대 위에 그릇을 올려놓으면서 생각한다. 결혼 선물에 담긴 그 무거운 코드를 받지 않은 것도, '신붓감'이 되지 않았던 것도 다행스럽다. 내 인생은 어머니와 다르게 원하지 않는 것을 하지 않을 수 있는 선택과 자유가 있었다.

할머니가 그랬듯, 어머니는 후회와 불행을 안고도 매일 밥상을 차려냈다. 그건 단지 습관이나 의무만은 아니었다. 스페인의 작가 니콜라우는 《요리냐 야만이냐》라는 책에서 자신의 할머니와 어머니를 두고 '정 많은 천사가 아니라, 앞치마를 맨 채 각박한 삶을 견딘 강인한 여성들'이었다고 회상한다. 억지로라도 끼니를 준비하던 행위가 결국 가족을 이어주었고, 그것이 사랑의 또 다른 얼굴이었음을 말한다.

어머니가 차려 준 밥상에서 나도 사랑과 책임을 익혔다. 나이 들수록 내 안에 살아있는 할머니와 어머니를 느낀다. 끼니를 챙기는 마음 – 우리는 그렇게 '사는 법'을 물려준다. 비록 후회와 불행이 섞인 거친 흙이었지만, 뿌리를 내리기엔 충분했다. 그 흙에서 내가 자랐고, 덕분에 책임과 사랑을 아는 아이들을 길렀다.

짜장면에 대한 단상

저녁 무렵, 불쑥 짜장면 생각이 나서 어머니와 집을 나선다. 내가 문득 중얼거린다.

"파리에선 짜장면이 먹고 싶어. 근데 막상 여기서 먹으면 그 맛이 아니야. 왜 그럴까?"

어머니에게 묻지만, 그 이유는 내가 더 잘 안다. 내가 그리워하는 건 짜장면이 아니라, 짜장면에 대한 기억이다. 이를테면 어린 시절, 이사한 날 배달시켜 먹었던 그 맛. 철가방이 덜컹 열리고, 단무지 식초 냄새에 섞여 퍼지던 진한 짜장 냄새. 뜨겁고 탱글한 면발, 윤기 도는 검은 소스, 짙은 춘장의 향. 어쩌면 짜장면은 단지 음식이 아니라 허기와 기다림, 낯선 집의 설렘과 불안이 뒤섞인 맛이었다. 기억 속의 맛을 되찾는 건 그래서 어렵다.

30년 전 코트다쥐르의 하늘색도 그랬다. 금방이라도 물들 것 같은 코발트색 하늘. 이 생을 떠나는 상상을 할 때마다, 그 하늘빛이 마음 한편을 아리게 했다. 얼마 전 다시 그곳을 찾았을 때, 내 눈에 들어온 건 높은 담장 뒤에 숨겨진 별장들과 요트, 비싼 물가, 모기 떼, 숨 막히는 더위, 관광객들뿐이었다. 생각해 보면 변한 건 하늘이 아니라, 그 하늘을 바라보던 나다. 그래서 기억의 감각은 결코 반복될 수 없는 것인지도 모른다.

아파트 놀이터를 지나며 말한다.

"참, 내일 낮에 친구 만나러 나가."

"응. 그래? 그럼 아쿠아를 가도 되겠구나."

어머니가 무심코 대답한다.

내가 한국에 올 때마다 딸 끼니 챙기는 일이 과업처럼 되어버린 어머니. 돌봄을 받아야 할 나이가 된 어머니는 여전히 나를 돌보려 하고, 나는 그 돌봄을 받는 일이 늘 부담스럽다.

"나 신경 쓰지 말고 볼일 보라고 했잖아. 엄만 나를 그렇게 몰라?"

나도 모르게 목소리가 높아진다.

"알았다, 알았어. 잘 신경 써주지도 못 하니 그렇지."

어머니는 말을 흐리고, 나는 말끝이 미안해진다.

독립적으로 키워냈지만, 때때로 자식을 챙기려는 마음이 거절당할 때 드는 서운함을 나도 안다. 우리의 돌봄 쟁

탈전에서 내가 이해해야 하는 건 결국, 자식을 챙기려는 엄마의 마음을 헤아리는 일이다. 어머니는 생각에 잠긴 듯 말이 없다.

풍산역 쪽으로 걸어가는데, 바람에 묻은 먼지가 씻긴 듯 투명하고 짙은 하늘색이 깔려있다.

"하늘 좀 봐. 아까도 치과 가는데 하늘색이 너무 아름답더라. 그런 색은 처음 본 것 같았어."

어머니는 '그런가' 하며 고개를 든다. 미각이 기억과 시간을 붙잡는다면, 풍경 감각은 마음의 결을 바꾼다.

우리가 시킨 짜장 맛은 역시 너무 가볍고 달다. 몇 젓가락을 서둘러 먹고 나니, 만족감 없이 배만 부르다. 집반찬에서 도망치듯 나온 외식이 탐탁지 않은 건 어머니도 마찬가지다. 말은 없지만, 입이 짧디짧은 건 둘이 꼭 닮았다. 우린 다시 두어 정거장을 천천히 걸어 돌아오며 수다를 떤다. 어머니가 말한다.

"목사님 말씀이, 인생에서 가족이든 아니든 자기 말을 들어줄 한 사람만 있으면 된대. 난 말이다, 너랑 이렇게 이야기를 나눌 수 있는 게 참 고맙다."

해 지는 저녁, 문득 노모와 걷는 이 느긋한 순간이 고맙다. 특별할 것 없는 잔잔한 저녁이 우리에게 얼마나 더 남아있을까…

sam.

죽음을 이야기할 때
우리가 말하는 것들

방 안 옷장을 열었더니, 두툼한 빨간 혼수 이불이 장의 반을 차지하고 있다.

"이 이불은 덮는 거야?"

"… 그건 네 오빠 결혼식 때 혼수 이불이었다."

소중했지만 지금은 쓸모가 사라진, 그렇다고 버릴 수는 없는 미결의 감정이 목소리에 섞인다.

"몇 년 동안 안 쓴 건 버려. 그리고 엄마, 매일매일 버려."

"그래라."

시아버지는 '죽음'이라는 단어를 입 밖에 내는 것도 두려워했다. 죽음의 출구 말고는 다른 상상을 할 수 없었던 시어머니. 얼마 전, 그들의 지하창고 문을 열었을 때 잡동사니들이 쏟아져 내리는 바람에, 그대로 문을 닫아야 했다.

어머니가 혼자선 엄두도 못 내던 책상, 침대, 낡은 소파를 한꺼번에 처분해 드린다. 가볍게 살아야 한다. 버리는 일, 죽음을 준비하는 일도 삶의 일부다. 어머니와 장례 절차에 대해 이야기한다. 세상에서 죽음을 가장 편하게 이야기할 수 있는 존재가 어머니라는 사실이 다행스럽다.

죽음을 피하지 않고 품에 넣는 자세는 가장 성숙한 유산이다. 덕분에 우린 이별을 준비할 시간을 갖게 된다. 작년부터 어머니의 영정 사진을 고르고 있지만, 아직도 마땅한 사진을 찾지 못했다. 어머니는 젊고 아름다웠던 모습을 남기고 싶어 하지만, 옛날 사진은 해상도가 흐릿하다. 어머니가 사진첩을 넘기다 말한다.

"일전에 돌아가신 권사님은, 사진이 없어서 돌사진을 썼단다."

다시 생각해도 우스웠던지, 소리 내며 웃는다. 그러다 문득, 낮은 목소리로 말씀하신다.

"오래 교회를 다녔지만, 난 하나님이나 세상을 위해 한 일이 별로 없는 것 같아."

주일마다 빠짐없이 빳빳한 신권을 헌금 봉투에 넣는 분이 무슨 말씀인가 싶어 쳐다본다. 어머니는 눈을 떼지 않고 조용히 말을 잇는다.

"오래전부터 생각했다. 너도 알잖니. 죽고 나면, 어차피 육신은 아무것도 아니잖아. 난 시신을 기증하고 싶다."

나는 아무 말도 하지 못한다. 몇 년 전, 어머니는 장기 기증과 연명치료 거부 등록까지 마치셨다. 시신 기증은 어머니가 쓰지 않는 가구를 대신 정리해 드리는 일과는 달랐다. 오래된 결심이니 존중해야 하지만, 자식으로서 쉽게 받아들일 수 있는 장례 절차는 아니다. 한참이 지나 조심스레 말한다.

"그래도… 잘 생각해 보고 결정해."

어머니는 망설임 없이 덧붙인다.

"장례는 가까운 사람한테만 알리고, 제일 간소하게 해라. 부조금도 받지 말고."

어머니가 재활용 박스를 버리러 나가려 하길래 대신 하겠다고 했더니, 괜찮다며 손사래를 치신다. 몇 번의 실랑이 끝에야 눈치 챈다. 그 완강함은 단순한 고집이 아니라, 자기 삶을 혼자 책임지겠다는 자존심이라는 걸.

헤밍웨이는 말했다. '인간이 죽을 때, 이치에 맞게 행동하려면 꽤 훌륭한 사람이어야 한다'고. 어쩌면, 나에게는 두 어머니 모두 그랬다.

지상에서 천국으로

　불쑥 친구가 장 보러 가자 하길래 슈퍼에 따라간다. 똑같은 체인인데 한국은 프랑스보다 훨씬 붐빈다. 친구와 두런두런 수다 반, 물건 반 주워 담고 계산대로 향한다. 계산대는 좁고, 줄도 훨씬 길다. 사람들은 짧은 줄을 노리며 팽팽하게 눈치를 주고받는다. 우리 바로 앞에서 새 카운터가 열리지만, 여긴 줄을 바꿀 자유가 없다. 놀랍게도 이런 일을 위해 고용된 여직원이 공항 보안요원처럼 줄을 통제한다. 이런 기묘한 직업이 존재하는 건, 사람들이 손해 보는 감정을 견디지 못하기 때문일까? 그런데도 삼십대쯤 되어 보이는 여자가 끈질기게 자기 뜻을 관철시킨다. 그 광경을 지켜보다가 친구에게 말한다.

　"한국 사람들은 어디 가도 굶어 죽진 않을 거야."

　간단히 점심을 먹고 가자며 친구가 푸드코트로 향한다. 그곳도 자리가 없기 때문에 또 눈치를 봐야 한다. 우리는 두 노부인이 앉아있는 테이블에 조심스럽게 합석한다. 한 사람은 음식을 사러가고 혼자 남은 노부인이 우리를 번갈아 쳐다보며 묻는다.

"친구예요?"

"네. 그것도 42년 지기죠."

내가 자랑스럽게 대답한다.

"같이 장 보러 다닐 수 있는 친구가 있다는 게 살면서 중요해요. 제가 외국에 살아서 아쉽지만, 그래도 여기선 가까이 살거든요."

친구가 노부인에게 묻는다.

"조금 전 같이 계셨던 분은 친구예요?"

"여동생이에요."

노부인은 생각난 듯 덧붙인다.

"쟨 흰머리를 염색하라 해도 안 해요. 아버지를 닮아 흰머리가 많거든요."

"맞아요. 흰머리도 유전인 것 같더라고요."

친구가 맞장구친다. 노부인은 혼잣말처럼 덧붙인다.

"근데 꼭 안 좋은 것만 유전되는 것 같아요."

노부인을 흘낏 쳐다본다. 염색하지 않은 은색 머리카락이 자연스럽고 얼굴색도 건강하다. 내가 말한다.

"좋은 것도, 나쁜 것도 비슷하게 유전될 거예요. 근데 좋은 건 당연한 줄 아니까, 나쁜 것만 기억하는 걸 거예요."

지긋이 웃는 노부인 눈꼬리가 하회탈처럼 부드럽게 올라간다. 친구가 묻는다.

"동생분은 일산에 사세요?"

"네. 네 자매 중 한 명 빼고, 세 명이 다 근처에 살아요."

노부인의 미소에는 자매들과 가까이 살며 늙어가는 잔잔한 만족감이 담겨있다. 유전은 단지 머리카락 색만의 문제가 아니다. 늙어가는 방식, 사소한 몸짓과 말투, 웃음, 그리고 서로를 돌보려는 마음까지 닮아가는 것인지도 모른다.

친구가 말한다.

"저도 여자형제가 넷인데요. 나이 들수록 여자형제가 좋은 거 같아요."

친구는 언니들과 티격태격하면서도 자주 연락하고, 함께 여행을 간다. 서운한 일이 있어도 밥을 같이 먹고 서로 반찬을 챙겨준다. 오랜 세월 그들이 쌓아올린 가족이라는 울타리, 그 친밀감이 부럽다. 친구가 묻는다.

"남편은요?"

노부인은 약간 주저하더니 대답한다.

"다 천국에 갔어요."

"아. 그렇게 이 지상을 천국으로 만들어주셨군요."

내가 웃으며 말한다.

"아이, 그건 아니고요."

노부인은 마치 불경스러운 농담을 들은 것처럼 손으로 입을 가리고 웃는다.

어수선한 푸드코트, 뭘 먹었는지 기억조차 나지 않지만 방금 전까지 모르는 옆자리 사람과 나눈 가벼운 한국말 수다가 기분을 환기시킨다.

친구 차를 타고 돌아온다. 우리는 포장을 뜯어 이것저것 나눠 갖는다. 무거운 건 친구가 들어준다. 심심한 수다, 여긴 포장된 물건처럼 조금씩 나누며 살아가는 곳이다. 시어머니 삶에서 아쉬웠던 건, 가족은 있지만 사소한 일상을 나눌 수 있는 편안한 관계가 없었다는 점이다. 말하지 않아도 되는 가족은 있지만, 말해도 되는 친구는 없었다. 노년이 될수록 필요한 건 편안한 관계, 그리고 잔잔한 수다의 기술이다.

아파트 엘리베이터가 16층으로 올라간다. 사소하지만 무겁지 않은, 지상에서도 천국 같은 순간들이 있다.

어머니의 유언장

파리로 돌아오는 비행기에 타자마자 수면제를 먹고 잠들었다. 눈을 뜨니 네 시간이 남아있다. 아홉 시간을 잔 셈이다. 아직 덜 깬 눈으로 기내 화면을 뒤적이다가, 오래전부터 보고 싶었던 영화 〈여덟 개의 산〉을 본다.

한 소년은 도시에서 온 외부자이고, 다른 한 소년은 산에서 태어난 토박이다. 두 소년은 여름의 고요한 풍경 속에서 서로의 세계를 천천히 받아들이며 자란다. 외부자는 떠나고 토박이는 남는다. 외부자는 작가가 되고, 토박이는 여전히 산에 머문다.

산에 사는 브루노는 늘 그 자리에 있지만, 그 자리는 조금씩 사라져 간다. 아버지가 떠나고, 오두막이 무너지고, 마을이 쇠퇴한다. 그는 그 자리에서 주변의 상실을 견딘다. 네팔에서 작가가 되어 돌아온 친구에게 브루노가 말한다.

"우리 동네에서는 슬프다는 걸 '길다'고 해. 어떻게 지내냐고 물으면 '좀 긴 것 같아'라고 하지. 난 책을 읽고서야 감정을 표현할 단어가 이렇게 많다는 걸 알았어. 그걸 모르면, 단어도 생각도 초라하지."

그 말을 들은 친구가 대답한다.

"좋은 말이네."

브루노는 마지막으로 말한다.

"네 단어를 찾아서 기뻐."

자신의 단어를 찾는다는 건, 흩어진 삶의 파편들이 이야기로 엮이는 일이다. 말이 생기는 순간, 지나온 시간은 비로소 내 것이 된다.

영화가 끝나고, 다시 잠을 청해 보려고 하지만 잠이 오지 않는다. 그래도 마음 한 구석은 무거운 숙제를 마친 것처럼 가볍다. 떠나기 전날, 어머니의 유언장을 썼다. 정확히는 어머니가 쓰는 걸 도와드렸다. 글씨를 베껴 쓰는 속도가 어찌나 느린지, 평소 성경책 필사가 얼마나 힘드실까 생각했다. 어머니는 장례 절차에 관한 문구를 느릿느릿 써 내려가다가, 힘든지 펜을 놓고 말했다.

"그냥 죽고 나면, 네가 와서 다 알아서 하면 안 되겠니?"

"응. 안 돼."

어머니는 형식적인 조문도, 과장된 절차도 바라지 않았다. 시신 기증 뒤, 조촐한 예배의식만 남기고 싶다고 하셨다. 어차피 의식은 산 자를 위한 것이지만, 애도는 정직한 형식을 가져야 한다. 그건 망자의 진심을 이해하고 뜻을 따르는 것이다. 그런 단순한 바람조차 문서로 남겨야만 효력이 생긴다는 사실이 조금 서글펐다.

어머니는 내가 불러주는 문장의 받침을 자꾸 틀리다 혼이 났다. 내가 국민학교에 들어갈 때까지 한글을 몰라 어머니에게 배웠던 기억이 났다. 이상하게 '도'를 쓰면 디귿이 자꾸 왼쪽으로 벌어졌다. 늦은 밤이었는데 어머니는 나를 재우지 않고 야단치셨다. 나는 어머니 등 뒤 벽에 걸린 괘종시계만 훔쳐보았다. 그땐 오직 자고 싶은 생각뿐이었다.

인생은 돌고 돌아, 내가 어머니 유언장 쓰는 모습을 깐깐한 선생처럼 지켜본다. 느릿한 손놀림 속에, 유언장에 다 담지 못한 고뇌와 슬픔을 읽는다. 하지만 나는 안다. 어머니는 그 마음조차 죽음 앞에서 벗고 가야 할 허물로 받아들이셨다는 것을.

피아노 수업

> 소크라테스에게서 발견되는 무엇보다 뛰어난 점은 그가 노년에 춤추고 악기를 연주하는 법을 배우는 데 기꺼이 시간을 할애하면서 그것이야말로 시간을 알차게 보내는 것이라 여겼다는 것이다.
>
> - 몽테뉴

친구는 내가 피아노를 배운다는 말을 듣고 묻는다.

"정말 처음이야?"

"응, 처음이야."

"혹시 리사이클링 정신으로 피아노를 시작한 거 아니야?"

친구는 그렇게 말하고 까르르 웃었다. 중고 물건을 사고파는 데 진심인 친구라, 나도 웃었다.

인간은 불안과 우울로부터 벗어나기 위해 본능적으로

무언가를 한다. 지하창고를 정리하거나, 철학책을 읽거나. 시어머니의 조력사를 기다리던 6월, 피아노를 배우기 시작했다. 악보를 따라 건반을 누르며 몰입하는 동안, 죽음을 둘러싼 고통을 잊을 수 있었다. 기적 같은 시간이었다.

어렸을 적, 피아노를 배우고 싶었지만 원하지도 않던 주산 학원을 다녀야 했다. 피아노 학원에 갈 때마다 억지로 발을 질질 끌고 다녔던 언니와 동행한 기억이 난다. 한겨울, 피아노 학원 복도 한가운데 석탄 난로가 있었다. 긴 통로 의자에 앉아 언니가 피아노를 치는 소리를 들었다. 주전자에서 나온 수증기가 차가운 창마다 김을 서리게 했고, 건반 소리는 방음벽을 지나 멀리서 들려왔다. 피아노 교습실의 방음 장치는 문화적 혜택을 받은 자와 받지 못한 자의 경계 같았다. 어떤 날은, 먹던 사탕이 건반 사이에 끼었다며 야단치는 소리가 들렸다. 나는 의자에 앉아, 소리가 나지 않던 그 건반은 솔이었을까 파였을까, 그런 상상을 하다가 아스라이 잠에 빠져들곤 했다.

15년 동안 아이들의 음악원 피아노 수업을 청강하면서 어깨 너머로 음악을 배웠다. 피아노 건반이 어떻게 눌러지는지. 어떻게 소리가 음악으로 바뀌는지. 한번은 용기를 내서 아이들의 첫 피아노 선생이었던 마르코에게 혹시 이 나이에도 피아노를 배울 수 있겠냐고 물어본 적이 있다.

그는 동유럽 억양이 섞인 목소리로 말했다.

"방금 노부인 수업을 해주고 오는 길이에요."

그리고 고개를 설레설레 흔들며 덧붙였다.

"난 절대, 제발 그 건반은 누르지 말라고 속으로 외쳐요. 그런데도 결국, 그 부인은 꼭 그 건반을 치고 말아요."

만사 때가 있다는 말을 그는 그렇게 했다. 하지만 마르코 말이 다 맞는 건 아니었다. 모든 것은 때가 있지만 아예 그 시간이 오지 않는 것보다 낫다. 너무 늦었다고 생각했지만 이제라도, 그리고 남은 세월 피아노를 칠 수 있는 것이 다행이다.

아침에 눈을 뜨면 제일 먼저 피아노 앞으로 간다. 이게 가능할까, 생각하던 악보를 어느 순간 제대로 치고 있다. 조금씩 나아지는 느낌이 만족스럽다. 건반이 눌리고, 음이 울리고, 손끝의 움직임이 멜로디가 되어 흘러나오는 감각. 노력이 주는 즐거움이라면, 악기만 한 것이 없다.

요즘 피아노곡을 들으면, 언젠가 내가 치게 될지도 모른다는 가능성으로 들린다. 새로운 레시피를 발견하는 기분처럼 들뜬다. 피아니스트도 셰프도 될 일은 없으니, 순전히 나를 위한 즐거움이다.

어제는 문득 단비 생각이 나 전화를 했다.

"왜 통 전화를 안 해?"

"본 지 얼마나 됐다고?"

"무슨 소리야?

"지난주에 밥 먹고 갔잖아."

피아노가 기억력에 도움이 된다고들 하는데 내 경우는 이상하게 다른 기억들이 빠져나간다.

꿈을 꿨다. 피아노를 치려는데 악보가 없다. 아무것도 기억나지 않았다. 오래되고 낡은 피아노 뚜껑을 열었는데, 검은 건반이 없이 흰 건반뿐이었다. 막막한 절망이었다. 고통을 잊기 위해서 시작한 피아노, 하지만 인간의 제일 큰 불안도 결국은 망각이다.

백오 세 생일파티

전화가 울렸다. 스트라스부르에 있는 아네스였다. 백다섯이 된 어머니를 돌보느라 그곳에 머문 지 벌써 2주째다. 아네스에게서 전화가 오면 제일 먼저 떠오르는 건 '혹시나' 하는 예감이다.

"오늘 스트라스부르 시장이 축하인사를 온대. 선거철이잖아."

아네스의 어머니가 백 살이 되던 해부터 시청에서는 생일마다 화환을 보내왔다. 시장의 방문을 받으려면, 적어도 백다섯까지는 살아야 하는 모양이다. 아네스는 파리를 오가며 정성껏 생일 파티를 준비한다. 익숙한 공간에서 마지막을 지켜드리는 것만으로도 그녀다운 배려지만, 어머니 집 근처로 자기 거처를 옮기지 못한 것을 여전히 마음에 걸려 한다. 하지만 자식이 모든 걸 포기하고 돌봐주길 바라는 부모가 있을까.

"공무원들이랑 약속 잡는 게 쉽지 않았어. 어머니가 계속 주무셔서…"

아흔일곱까지 브리지 게임을 즐기셨던 어머니지만, 백 세를 넘기며 생체 본능은 의식을 끄고 절전 모드에 들어간다. 질병의 환란을 피한 노년은 그 자체로 긴 견딤의 시간이다.

아네스가 한숨을 쉬며 말한다.

"딸이 79세, 83세라는 건 좀 슬픈 일 아니니?"

여든을 앞둔 그녀에게 매해 장수 기록을 갱신하는 어머니의 돌봄은 점점 힘에 부친다. 하지만 아무도 105년 사는 일을 계획한 적은 없다.

"생일 파티는 잘 해드렸니?"

내가 묻자, 아네스가 허탈하게 웃는다.

"응. 근데 이 나이가 되면 초대할 사람이 없어."

갑자기 전화가 끊겼다. 다시 걸었지만 연결되지 않았다. 다시 걸려온 전화에서 "근데… 말이지. 상황이 별로 좋지 않아" 하는 말만 남기고 또 끊겼다.

'무슨 일이 일어난 걸까.'

한참 뒤 간신히 연결된 전화를 받으며 나는 다급히 묻는다.

"무슨 일이야?"

"글쎄… 내일 파리로 돌아가야 하는데, 어머니 텔레비전이 고장 났어. 아파트 케이블 문제라는데 아직도 해결이 안 됐어."

긴장이 허탈한 웃음으로 바뀐다.

전화를 끊자마자 올비가 달려와 묻는다.

"무슨 일이래?"

그도 나와 비슷한 상상을 했던 모양이다. 나는 웃으며 말한다.

"고장 난 건 텔레비전이래."

유품 정리

한국에 다녀오는 동안 비울 줄 알았던 시어머니의 아파트는 벽장도 못 비운 눈치다. 나 같으면 답답해서 혼자라도 얼른 해치우고 말 텐데…. 두 사람의 유품 정리는 올비가 쉬는 날, 그것도 일요일뿐이다. 일요일 저녁 전리품처럼 꺼내 보이는 것들은 오래된 시계, 우표첩, 장난감 기차, 옛날 사진들이다. 아무 말 없이 다락방 보물찾기를 지켜보는데, 결국 올비가 입을 연다.

"아무래도 좀 도와줘야 할 것 같아."

시어머니가 세상을 떠난 지 다섯 달 만에 아파트에 간다. 거실 한가득, 발 디딜 틈 없이 쌓인 잡동사니를 보고 한숨이 나왔다. '그동안 두 사람은 대체 뭘 한 걸까.'

"이거 봐."

올비가 가리킨 복도엔 텅 빈 상자들이 가득했다. 시아버지가 60년 동안 간직해온 물건의 포장 박스들이지만,

너무 오래되어 이미 내용물은 사라지고 껍데기만 남은 것들이었다. 빈 상자도 버리지 못한 사람이, 삶의 애착을 놓는 일은 얼마나 어려웠을까.

벽장 안엔 50켤레가 넘는 신발과 신발 상자가 차곡차곡 쌓여있었다. 아마도 평생 신었던 신발일 것이다. 췌장암 수술을 받고 시한부 판정을 받았던 시아버지는, 시골집 창고 정리를 하자고 했을 때 곧 죽을 사람이라는 무언의 메시지로 받아들였고, 불쾌해했다. 오래된 바비큐 그릴 하나 바꿔주는 일조차 그의 기분을 상하지 않게 하려고 몇 달을 고민해야 했다.

그에게 물건은 단순한 소유가 아니었다. 쌓아온 시간과 습관, 자신이 존재했던 증거였다. 물건이 교체되는 건, 곧 자신이 사라진다는 예고처럼 느껴졌을 것이다. 그는 '사라짐'의 두려움을 '남겨둠'으로 완강히 붙들고 있었다. 망자의 기질과 습관, 어쩌면 두려움까지도 – 결국은 유품이 되어서 하나씩 끌려나온다.

혹시나 싶어 부엌 냉장고 문을 열었다. 놀랍게도, 시어머니가 스위스로 떠나기 전 그 상태 그대로였다. 냉장고 전기 코드를 빼는 게 죽느냐 사느냐의 문제도 아닐 텐데…. 내가 하나둘, 유통기한 지난 소스와 식품들을 쓰레기봉투에 담는 걸 보더니 올비 표정이 굳는다.

"잠깐."

그가 말했다. 나는 그 표정을 안다.

"집에서는 매일 절전 타령하면서, 몇 달째 빈집 냉장고 전기세는 괜찮았어?"

나도 모르게 언성이 높아진다.

"알아서 해."

냉장고 문을 '꽝' 닫고, 쓰레기봉투를 들고 밖으로 나간다. 화가 난 건 냉장고 때문이 아니었다. 올비가 식탁 위에 모아두는 빈 바게트 봉투, 지하창고에 차곡차곡 쌓아둔 빈 박스들, 정리하지 못하고 받아들이지 못하고 결정을 유보하는 그 답답한 습관. 부모는 유품만 남기지 않는다. 유품을 정리하는 건, 부모에게서 물려받은 기질을 ─ 그 닮음을 감지하지 못한 채 반복해온 회로를 ─ 들여다보는 일이다.

그날 저녁 단비와 저녁을 먹으면서 선언한다.

"난 쓸데없는 잡동사니를 절대 너희들에게 유물 더미로 남기지 않을 거야."

단비가 타이르듯 말했다.

"걱정 마. 어차피 그건 남은 사람들 몫이야."

쓸데없는 걱정은 내려놓고 편히 죽으라는 말로 들려 그만 웃고 만다.

내가 사랑하는 풍경

내 방 초록색 벨벳 천이 덮인 팔걸이의자는 5년 전 아를레트가 내 생일에 선물해 준 것이다. 그녀의 일상이 그러했듯, 나도 하루 대부분을 이 의자에서 보낸다. 책을 읽고, 음악을 듣고, 글을 쓴다. 햇살이 눈부셔 등을 돌려놓아도, 이상하게 의자는 늘 창을 향해 있다. 창문의 절반은 하늘, 나머지 절반은 나무다. 나무는 계절을, 하늘은 하루의 시간을 알려주는 시계다.

조금 전 해가 질 무렵, 바깥 하늘은 장밋빛으로 물들었다. 하지만 장미색조차 이 신비한 빛깔을 담지 못한다. 창밖 풍경은 같아도 매일 다르다. 어떤 날은 정원 나무들의 그림자가 길게 드리우고, 아파트 창에 번지는 불빛과 저녁 하늘이 마치 마그리트의 〈빛의 제국〉처럼 몽환적이다. 어떤 겨울날은 정말이지 구정물이 흘러가는 듯한 우울한 잿빛으로 바뀐다. 겨울에는 앙상한 가지들 사이로 건너편 아파트 내부가 보이지만, 여름에는 풍성한 플라타너스 잎사귀들이 시야와 마음을 가득 채운다.

누군가 당신이 가진 것 중 가장 소중한 것이 뭐냐고 묻는다면, 나는 내가 가진 카메라와 바로 이 창밖 풍경이라고 말할 수 있다. 둘 다 무언가를 담아낼 수 있는 도구이니까. 가끔 아끼는 카메라를 잃어버리는 불안한 꿈을 꾸기도 하지만, 이 창밖 풍경은 잃을 염려조차 없다. 물 위에 떠있는 듯한 이 고요한 행복감은 매일 내가 괜찮다는 것을 확인시켜주는 안도의 한숨 같다.

며칠 전, 올비가 친구들에게 말한다.

"내 아내는 여행을 싫어해."

나는 그 말을 듣고 고개를 끄덕였다. 나이가 들수록 여행을 계획하는 일도, 풍경을 소비하는 일도 마음이 따라가지 않는다. 입맛이 단순한 사람이 비싼 식당에 가서 억지로 감탄해야 하는 기분이다. 사실 난 내 손으로 만든 소박한 식탁이 가장 좋다. 가능하다면, 이토록 시끄러운 세상에 불필요한 소음을 더하며 살고 싶지 않다. 매일 조금씩 달라지는 하늘, 무심하고 잔잔한 풍경 속에서 내가 부드럽게 용해되는 내밀한 기쁨이 있으니 북극의 오로라, 사막의 낙타를 못 보고 죽는다고 해도 괜찮다.

모든 것이 사라지듯, 언젠가 이 풍경이 나에게 더 이상

특별하게 느껴지지 않는 날이 올지도 모른다. 그럴지도.

그러나 이 고요한 풍경은 나의 일부가 될 것이다.

그랬으면 좋겠다.

진화하는 인류와 관계 맺기

단비 생일 파티 겸 저녁 초대를 받는다. 바스티유 메트로를 나오면서 시계를 보니, 초대 시간보다 한참 이르다.

"서둘러 나왔는데 35분밖에 안 걸렸네. 할 일 없는 노인처럼 뭐 하는 거야, 창피하게."

어쩌면 우린 오래전 시부모님을 닮아가는 중일지도 모른다. 그들도 초대를 받으면 늘 미리 도착했다. 나는 일부러 느릿느릿 걷는다. 예전엔 이 바스티유 카페 골목에서 데이트도 하고, 외출도 자주 했다. 이젠 그저 단비가 사는 동네가 되었다. 불 켜진 근사한 바들이 나와는 점점 무관한 풍경처럼 느껴진다. 올비에게 말한다.

"아무래도 할망구들로 꽉 찬 아침 운동, 저녁으로 옮겨야겠어."

단비와 알렉스는 화초가 무성한 안뜰을 둔 아파트 1층

에 산다. 스물여덟, 젊은 파리지앵 커플. 그들은 서로에게 독립적이다. 주말엔 친구들과 따로 시간을 보내기도 하고, 함께 혹은 각자 여행을 다닌다. 취미와 휴가를 자기 일만큼 소중하게 여긴다. 삶의 방식이 이렇게 바뀔 수도 있다는 사실이 다행스럽다. 불필요한 삶의 방식이 사라지고, 대체된다. 이것도 일종의 진화다.

내가 묻는다.

"참, 동거인 등록(팍스, convention de Pacs), 언제 한다고 했지?"

"언제였더라. 정확한 날짜는 기억 안 나는데… 레오나르도 다 빈치 생일이었던 건 확실해."

유급휴가와 세금혜택 때문에 하는 팍스라면, 다 빈치 생일로 기억하는 것만도 기특할 정도다. 몇 세기 유행했던 로맨틱 판타지 '결혼'이 이 사회에서는 흔적기관으로 남을지도 모른다.

내가 말했다.

"아빠가 퇴직하고 어디로 집을 옮길지 고민 중이야. 그런데 몇 년 뒤 너에게 아이가 생기면 도움 받을 손이 필요하지 않을까, 그런 생각도 들고…"

단비가 잠시 생각하더니 말했다.

"엄마, 내 주변을 보면 다들 일하면서 아이 잘 키워. 그

거 자체가 능력이야. 우리 때문에 욕망을 포기하진 마. 엄마 좋아하는 그랑빌이나 노르망디 어디든 가."

약간 섭섭했나? 섭섭했던 것 같기도 하다.

27년 전, 단비를 낳았을 때 어머니는 산후조리를 돕겠다며 한국에서 날아오셨다. 산후조리가 꼭 한국 산모들에게만 필요한 걸까 싶었고, 굳이 도움을 받아야겠다는 생각도 들지 않았다. 하지만 어머니의 고집을 꺾을 수 없었고, 결국 한 달 넘게 머무셨다. 어차피 어머니가 계속 계실 분도 아니고, 처음부터 아이는 내 손에 익숙해지는 게 낫겠다 싶어 어머니의 손을 거의 빌리지 않았다. 프랑스에서 말이 거의 통하지 않던 어머니도, 갓난아기도 내게는 모두 돌봐야 할 존재였다. 어머니가 한국으로 돌아간 뒤에야 전해 들었다. "목욕 한번도 안 맡기더라"는 그 섭섭함을. 나는 아마, 지나치게 독립적인 딸이었다.

몇 년 뒤 남동생에게 아이가 생겼다. 어머니는 아들 집에 머물며 보모처럼 손주를 돌봐줬다. 수고로운 기쁨이었지만, 갈등의 시작이기도 했다. 손주를 돌보는 일, 늙은 부모를 돌보는 일은 오랫동안 '사랑'이라는 말 아래 경계 없이 이어져왔다. 누군가는 공허함을 돌봄으로 채우고, 누군가는 자기도 모르게 받아온 방식을 규범이라 여겨 되풀이한다. 어머니는 아마 그 둘 모두였다. 분명한 부탁도, 뚜렷한 거절도 없는 사이에 돌봄은 의무로 변하고, 헌신이 강요된 역할이었다는 걸 관계가 금 간 뒤에야 알아차린다. 손주를 봐주고 번번이 눈물바람으로 집에 돌아오던 어머니를 볼 때마다 생각했다. 예견된 실패를 왜 반복할까. 무급 희생에 경계조차 없으니, 마지막엔 시스템 오류가 사람의 성격 탓으로 환원된다.

시부모님은 아이들을 잘 돌봐주셨다. 단, 내가 부탁할 때만. 아를레트는 경험을 앞세워 훈계하거나 간섭하지 않았다. 도움을 청하면 해야 할 일을 목록으로 적어달라 했고, 자신이 감당할 수 있는 만큼만 맡았다. 도움을 주는 것과 관계를 통제하는 것의 간극을 알았고, 정해진 역할을 넘지 않았다. 나는 그녀가 늘 고마웠다. 삶의 마지막까지도, 그녀는 그 경계를 지키는 방식으로 자신과 타인을 존중했다.

어머니는 관계의 무게에서 벗어나 누구에게도 의지하지 않아도 되는 시간 — 완전히 혼자가 되시면서 오히려 편안해지셨다. 어머니는 요즘 말씀하신다.

"내가 속이 없나 보다. 가만히 생각해 보면 특별히 아픈 데도 없고 마음도 편안하다, 얘야. 참… 내 처지에 말이다."

일요일 아침, 전날 단비가 부탁한 청바지를 수선해 준

다. 해줄 수 있는 일이 고작 찢어진 바지를 꿰매주는 일뿐이라는 생각에 잠시 서운해지기도 한다. 하지만 곧 마음을 다잡는다. 적당한 애착이 건강에 좋다. 특히 진화한 인류와의 관계는 그렇다.

귀한 손님

반가운 손님이라도 온 듯, 올비가 급하게 나를 부른다.

"일기예보가 완전히 틀렸어. 어서 와, 빨리 비타민D를 쬐어야지."

거실로 달려간다.

"거봐, 내가 뭐랬어. 아무리 코웃음 쳐도 봄은 온다고 했지."

봄 햇살이 거실을 가득 채웠다. 소파에 비스듬히 누워 눈을 감는다. 빛으로 가득 찬 욕조에 몸을 담근 기분이다. 발코니에 나간 올비가 인조잔디 틈에서 자란 진짜 잔디를 발견한다.

"정말 신기하네."

씨앗은 어디서든 뿌리를 내린다. 연한 초록 잎들이 플라스틱 잔디 위로 솟아났다. 귀여운 농담 같다. 봄기운에

갑자기 묵은 때를 벗기고 싶어져 유리창 얼룩을 닦다가, 기왕이면 하는 생각에 서랍 깊숙이 넣어둔 은제 식기도 꺼냈다.

올비가 놀라며 말했다.

"울랄라."

너무 오래되어 빛이 바랜 식기다. 부드러운 천에 약품을 묻혀 천천히 문지른다. 얼룩이 조금씩 사라진다. 마지막으로 사용한 때가 언제였는지 기억조차 나지 않는다. 처음 이 식기를 사용했던 건, 올비가 나를 저녁 식사에 초대했을 때였다. 야사 쁘와송이라는 세네갈식 생선 요리를 만들어줬다. 구운 도미에 볶은 양파, 매운 향신료, 라임즙이 섞인 소스. 이름도 맛도 낯설었던 세계. 생각해 보면, 프랑스에서 요리를 처음 가르쳐준 스승도 그였다. 세상의 이치가 그렇듯, 원리를 깨우치면 스승은 사라진다.

결혼은 결국 두 사람이 함께 잘 먹고사는 일이다. 아이들이 독립한 뒤에도 먹고사는 일은 남는다. 메뉴를 짜고 식탁을 차리는 일은 죽을 때까지 이어진다. 예순이 되면서 이혼을 결정한 선배가 말했다.

"그는 밥을 먹을 때, 눈을 감고 아무 생각이 없이 기계적으로 씹어요. 맛을 음미하고 있다는 아무런 증거를 찾을 수 없었어요. 게다가 전혀 중요하지 않은 식기세척기에 그릇을 정리해서 넣는 방식이라던가 그런 것에 골몰했고 조금이라도 자기 방식에 어긋나면 화를 냈어요."

먹고사는 일을 잘 해내는 건 생각보다 큰일이다. 요즘, 독립한 아이들에게 내가 선물하는 건 오래 쓸 수 있는 좋은 요리 도구다. 예전에 그림 도구를 사줄 때처럼 뿌듯하다. 나는 아이들에게 종종 말한다.

"레스토랑에서 맛있는 음식을 먹는 건 기분 좋은 일이야. 평생 요리사와 사는 건 더 큰 기쁨이지. 하지만 자신이 요리사가 되는 건, 그건 자유야."

반짝이는 네오클래식한 은제 나이프 곡선은 여전히 기품이 있다. 아무것 아닌 한끼가 '먹는 것'에서 '식사하는 것'으로 바뀌는 데 필요한 건 관심과 시간이다. 반듯한 식기와 정성스러운 상차림은, 한끼를 근사한 의식으로 완성해준다.

시어머니가 돌아가신 뒤, 벽장에서는 포장도 뜯지 않은 은식기 세트가 나왔다. '언젠가'를 위해 아껴둔 것들은 해가 바뀌는 사이 변색되어 결국 유품이 된다. 내가 올비를 부른다.

"지금부터 한 달에 한 번, 은식기랑 크리스탈 잔을 꺼내 어울리는 요리를 준비하자."

"누굴 초대하는 건데?"

"손님? 귀한 손님은 우리야."

그는 고개를 끄덕이며 웃는다. 나는 속으로 중얼거린다.

'더 늦기 전에. 더 늙기 전에.'

늙음도 저마다
다른 문을 가진다

베를린에 온다. 이곳에도 봄은 온 것 같은데, 구름 뒤에 숨어있는지 좀처럼 모습을 드러내지 않는다. 외출을 마치고 돌아온 늦은 오후, 햇살이 비친다.

"해가 들어가기 전에 빨리 렌츠에 가서 맥주를 마셔야 해."

내가 친구에게 말한다. 우리는 이런 제안에 항상 서로 흔쾌히 동의해 준다.

조그만 광장에 다섯 개쯤의 카페가 나란히 붙어있다. 나무 그늘 아래 테라스는 테이블이 섞여있어, 어느 카페인지 경계도 없다. 그중 하나인 렌츠 카페는 무채색 옷을 입은 은퇴자들이 자주 찾는 카페 레스토랑이다. 아시아계 주인은 원래 주방에서 일하다가, 파산한 카페를 인수했다고 한다. 고집스럽게 비싸지 않은 맥주, 감자 샐러드와 소시지 같은 안주로 기분 좋게 한끼 식사를 때울 수 있는 곳이다.

오후 다섯 시가 조금 넘었을 뿐인데, 테라스는 이미 빈 좌석이 없다. 우린 다른 손님들이 차지한 긴 테이블에 함께 앉는다. 바람이 선선하다. 친구는 내가 좋아하는 에일 맥주를 골라준다. 차가운 맥주는 잔 표면에 서리를 만든다. 시원한 맥주의 첫 서너 모금을 재빨리 들이킨다. 깔끔하고 군더더기 없는, 맥아 향이 끝맛을 남기는 전형적인 독일식 에일 맥주다.

젊은 관광객들이 카페 안으로 우르르 들어갔다가 금세 나간다. 렌츠는 젊음에게 어울리지 않는다. 느긋하게 기다릴 줄 아는 사람들이 이곳에서 마신다. 테이블 끝에 앉은 한 남자와 눈이 마주친다. 예순 중반쯤 되어 보인다. 은갈색 곱슬머리에 앞머리가 약간 비어 있지만, 크고 맑은 눈빛이 인상적이다.

친구에게 말한다.

"저 남자 봐봐. 어깨는 나랑 비슷한데, 팔 길이는 한 두 배쯤 되어 보이지 않아?"

친구가 웃는다. 남자는 약간 추운지 긴팔로 몸을 감싼 채, 옆에 앉은 여자와 진지하게 대화를 나눈다. 여자를 지그시 바라보는 그의 눈빛은 번잡한 테라스를 두 사람만의 공간으로 만든다.

테이블 이곳저곳을 둘러본다. 시간은 많지만, 조금 바쁜 척하는 은퇴자들뿐이다. 테이블에서 약간 떨어진 곳, 한 남자가 가죽 재킷을 입고 금방 떠날 기색으로 담배를 피우고 있다. 가뭄에 논바닥이 갈라지듯 패인 피부. 단단히 잠긴 문처럼 굳어지는 얼굴이다. 늙음은, 한번 들어서면 좀처럼 빠져나오기 어려운, 좁고 답답한 길 같다.

팔이 긴 남자를 다시 쳐다본다. 그의 눈동자는 회색과 푸른빛이 섞여, 멀리 어딘가를 꿈꾸는 듯 보인다. 그의 표정에는 언제든 웃을 준비가 되어 있는, 부드러운 여유가 있다. 나도 모르게 맥주를 홀짝이며 자꾸 그를 훔쳐본다. 그의 옅은 미소는 이상하게도 어떤 희망을 준다. 늙음이 가진 부드러운 가능성 같은 것. 인상은 살아온 시간이 만든 정서의 풍경이다. 우리는 각자의 언어로 그 풍경을 해석한다. 상상이 그렇듯이.

늙음도 저마다 다른 문을 가진다. 삶에 부드럽게 조응하는 문, 들어가기 위해 비밀번호가 필요한 문, 단단히 잠긴 문도 있다. 똑같은 삶이 없듯, 똑같은 늙음도 없다.

이사하는 날

 떠날 마음 없이 구질구질하게 매달리는 겨울 끝자락에도 목련은 절정이다. 시어머니 집에 가는 길, 누군가의 집 정원에서 목련을 보고 차를 세운다. 넋을 놓고 바라보다 나도 모르게 탄성이 흘러나온다. 부드러운 봄바람에 꽃잎을 흩날리는 목련의 자태가 우아하다. 은빛이 내려앉은 노부인의 아름다움 같다. 목련이 지는 순간, 호흡을 멈추고 몰래 찾아온 봄과 그 아름다움을 경배해야 한다. 그것은 조용한, 어떤 생의 마지막 장면을 떠올리게 한다.

새벽에 꿈을 꿨다. 아를레트가 멋진 옷을 차려입고 자신의 아파트에 나타났다. 얼굴에 생기가 돌았다. 그녀가 말했다.

"이사를 해야겠다."

"왜?"

"열쇠가 너무 딱딱해서 돌릴 수 없어."

맞은편에 앉아있던 안느가 그 말에 강하게 반대했지만, 아를레트는 평소답지 않게 단호했다.

"만약 돈 문제라면, 내 마지막 계좌를 쓰도록 해. 나는 이곳에 하루도 있을 수 없어."

그녀의 두 손을 잡는다.

"걱정 마. 어떻게든 해결할 수 있을 거야."

그녀는 내 손을 꽉 잡았다. 아침에 일어났을 때, 그 손끝의 힘이 여전히 남아있었다.

아를레트의 아파트가 완전히 비워지는 날이다. 집 안의 물건은 버려지고, 나눠지고, 기증되었다. 아를레트도 오늘 그곳을 떠날 거라는 것을 알고 있었던 걸까. 옆집 이웃이 가져가기로 한 회색 소파의자만 거실 한가운데 덩그러니 남아있다. 늘 때가 탈까 봐 천으로 덮어두었던 의자의 표면을 이제야 본다. 마치 지금에서야 새것으로 돌아온 듯하다. 닳을까 봐 아끼기만 하다 떠나는 인생을 보는 것 같다. 두 사람, 그리고 한 가족의 생, 한 시대가 그 거실을 빠져나갔다. 남은 건 오후의 햇살뿐이다.

2년 전, 늦은 봄 북 노르망디. 그날 바닷가에는 햇살도 바람도 많았다. 아를레트는 한 손으론 내 팔을 잡고, 다른 손에 지팡이를 든 채 자갈 해변을 걸었다. 멀리서 연 날리는 아이들, 그리고 파도 소리밖에 들리지 않았다. 그녀는 걷는 것이 불편해서 몇 번을 쉬어야 했다. 내 팔을 꼭 잡은 채 미안해하면서 숨을 고르곤 했다.

근처 마을을 산책하다가 작은 광장이 보이는 서점에 들렀다. 넓은 창문으로 커다란 나무가 보이는, 괜히 기분이 들뜨는 곳이었다. 책 냄새가 향긋했고, 행복했다. 그곳에서는 책 외에도 세련된 오브제들을 팔았다. 나는 아를레트에게 내가 빌려준 까만 모자를 벗기고 부드러운 꽃무늬 모자를 사서 씌워주었다.

"어머니날 선물이야."

그녀는 항상 조그만 선물에도 활짝 웃었다. 아이들이 유치원 다닐 때 그려준 그림을 받았을 때처럼. 단순하고 가벼운 감동을 허락하는 모습이 보기 좋았다. 어쩌면, 부러웠다. 그녀는 내 팔을 잡고 마을 어귀를 힘들게 걸어 나왔다. 마을의 집들에는 6월의 장미가 만발했다. 그것이 그녀의 마지막 여행이었다.

죽음이라는 피할 수 없는, 거대한 슬픔의 산. 우리가 운명에 절대 권한을 주지 않는다면, 그 산을 오르는 방법은 스스로 선택할 수 있을 것이다. 그녀는 스위스에서 나에게 말했다.

"오래전부터 난 이렇게 떠나고 싶었다."

지금, 내 마음을 채우는 것은 부재의 슬픔이 아니라, 작은 것에도 기뻐할 줄 알았고 자기 방식대로 살아낸 한 존재에 대한 경외심이다. 애도는 사라진 자리를 지우는 일이 아니라, 그 자리를 기억으로 다시 채우는 일이다. 바닷가의 찬란한 햇살, 목요일의 샴페인, 함께한 시간들. 그런 기억들이 잔잔한 그리움이 되어 내 일상을 비춘다.

사람이 두려워할 것은 죽음이 아니라,
살아보지 못하는 것이다.

- 마르쿠스 아우렐리우스, 《명상록》에서

고요한 결심

초판 1쇄 발행 2025년 9월 25일
초판 2쇄 발행 2025년 11월 20일

지은이　　이화열

펴낸이　　한선화
편집　　　이미아
디자인　　onmypaper
홍보　　　김혜진
마케팅　　김수진

펴낸곳　　앤의서재
출판등록　제2022-000055호
주소　　　서울 서대문구 연희로 11가길 39, 4층
이메일　　annesstudyroom@naver.com
인스타그램　@annes.library

ISBN　　　979-11-94877-08-0 03810

- 이 책은 저작권법에 따라 보호받는 저작물이므로 무단 전제와 복제를 금합니다.
- 책값은 뒤표지에 있습니다.
- 파본은 구입하신 서점에서 바꾸어드립니다.